HANS RAUSCHER
Worüber sich zu schreiben lohnt

HANS RAUSCHER

Worüber sich zu schreiben lohnt

Über die Demokratie:
Erinnerungen, Gefahren und Hoffnungen

1. Auflage
© 2024 ecoWing Verlag bei Benevento Publishing Salzburg–Wien, einer Marke der Red Bull Media House GmbH, Wals bei Salzburg

Medieninhaber, Verleger und Herausgeber:
Red Bull Media House GmbH
Oberst-Lepperdinger-Straße 11–15
5071 Wals bei Salzburg, Österreich

Satz: MEDIA DESIGN: RIZNER.AT
Gesetzt aus der Palatino, OCRFPro, Sabon LT Pro
Umschlaggestaltung: Isabel Neudhart-Haitzinger

Printed by Neografia, Slovakia
ISBN: 978-3-7110-0360-7

Inhalt

Worüber sich zu schreiben lohnt

in Zeiten wie diesen …

»In Zeiten wie diesen« hörte man Bruno Kreisky, österreichische Kanzler-Ikone, oft sagen. Was er, der oft als »Sonnenkönig« tituliert wurde, damit meinte, war, dass nur er und seine Partei, die SPÖ, Österreich sicher durch die Krisen geleiten könnte. Eigentlich sind es immer »Zeiten wie diese«. Es gibt immer wieder eine Krise, die zu bewältigen ist. Die Politik neigt zur Dramatisierung.

Heutzutage allerdings sind »Zeiten wie diese« andere als jene, die Kreisky gewärtigte. Europa erlebt einen großen Krieg, eine Migrationswelle folgt der anderen. Die Bedrohung durch islamistischen Terrorismus ist nicht enden wollend. Das Gespenst der Inflation ist nicht gebannt, die Wirtschaft schwächelt. Die Coronapandemie hat den gesellschaftlichen Grundkonsens zerrissen. Die Folgen sind nach wie vor spürbar. Für die Klimakrise ist keine zeitnahe Lösung in Sicht. Die Feinde der Demokratie und die Freunde autoritärer Herrschaftsmodelle sind auf dem Vormarsch. All das rüttelt am Fundament unserer erfolgreich etablierten europäischen Nachkriegsgesellschaften.

Ich analysiere und kommentiere seit einigen Jahrzehnten die Vorgänge in Österreichs Politik und Gesellschaft. In den Magazinen *trend, profil, Kurier* und in der Tageszeitung *Der Standard* – meist mit dem Kürzel RAU im sogenannten »Einserkastl« auf Seite 1. Ich war in den Zeiten berichtend dabei, als es um große Umbrüche ging: etwa um die Entstehung einer Zivilgesellschaft in Österreich (die Auseinandersetzung um das Atomkraftwerk Zwentendorf, um die Stopfenreuther Au nahe Hainburg, beim »Lichtermeer gegen Ausländerhass«). Ich durfte den Beitritt zur EU journalistisch begleiten wie auch den monumentalen Zusammenbruch des Kommunismus in Osteuropa und die großen politischen Korruptionsskandale in Österreich mit ihren oft menschlich sehr kleinen und vor allem sehr österreichischen Begleiterscheinungen (»Korruption mit Schmäh«). Ich habe bedeutende Politiker, in- und ausländische, kennenlernen dürfen, aber auch Blender und Scharlatane. Davon wird in diesem Buch erzählt. Merkwürdige und amüsante Begebenheiten werden nicht ausgespart.

Nun stehen wir an einer großen »Zeitenwende«. Die rechteste FPÖ, die es je gab, ist die stärkste Partei im Land. Es geht nicht nur um die äußere Bedrohung durch Kriege, sondern auch um die innere: um ein Nachlassen des Vertrauens in die Demokratie. Nicht nur hierzulande, sondern in ganz Europa. Kritischer Journalismus ist unerlässlich, aber nicht unfehlbar. Und oft hat er gegen die vorherrschende Meinung recht behalten. Die Tatsachen zu benennen, Fakten diffusen Meinungen und den daraus resultierenden Ängsten entgegenzustellen, ist das einzige Mittel, um die Basis für Vertrauen wiederherzustellen.

Dafür lohnt es sich zu schreiben.

KAPITEL 1

Sind wir glücklich?

Ein politisches Jahr.
Tatsachen und Befindlichkeiten.

Sind Sie glücklich? Blöde Frage, werden Sie denken, aber ernsthaft: Sind Sie glücklich? Die Antwort ist nämlich auch politisch relevant. Es gibt dazu, wie zu fast allem, Umfragen – und die besagen: Wähler von Rechtspopulisten sind unglücklich. Und Rechtspopulisten mit fragwürdigen demokratischen Ansichten und Absichten sind auf dem Vormarsch.

Aber das ist nur ein Aspekt eines größeren Themas: Wir spüren, dass wir in einer Zeit leben, in der sich die Dinge nicht unbedingt zum Besseren wenden, um es vorsichtig zu formulieren. Wir spüren, dass sich etwas dramatisch ändert, in der Weltpolitik, in der lokalen österreichischen Politik, in der Auswirkung auf unser alltägliches Leben. Das Jahr 2024 mit seinen vielen wichtigen Wahlen ist möglicherweise ein Wendepunkt gewesen, an dem sich für uns und unsere Kinder so viel entschieden hat.

Sind wir glücklich? Oder, anders formuliert, sind wir optimistisch? Wir als österreichische, europäische, westliche Gesamtheit? In diesem Jahr 2024, für das einige sehr große Entscheidungen erwartet wurden?

Worüber sich zu schreiben lohnt? Genau darüber – über die Befindlichkeiten und die Tatsachen in diesem Jahr der Verunsicherung und Verwirrung, über die Frage, wie es in einem wohlhabenden, friedlichen, scheinbar abgesicherten Land wie Österreich, aber auch in einem Kontinent wie der EU zu einer Stimmung kommen kann, in der plötzlich alles infrage gestellt scheint.

Darüber, was die Ursachen sind für dieses plötzliche Gefühl der Bedrohung, das durchaus auch mit tatsächlicher Bedrohung unterlegt ist. Und vor allem darüber, was man tun kann, um das Erreichte zu bewahren – den Wohlstand, die soziale Sicherheit, aber auch die demokratische Freiheit und einen zivilisierten Stil der gesellschaftlichen und politischen Auseinandersetzung. Aber auch, ganz dringend, um einen Stil der öffentlichen Auseinandersetzung, der sich nicht in gegenseitigem Krawall und Geschrei, in Hasspostings und Morddrohungen manifestiert. Es geht um das Österreich, in dem wir leben wollen. Und um ein Europa, in dem wir leben wollen.

Vielen scheint das in Gefahr. Schon zu Beginn des Jahres 2024 blickten sehr viele Menschen wenig optimistisch in die Zukunft. Das Linzer Market Institut hat zu Jahresanfang gefragt, ob man das Jahr eher optimistisch oder pessimistisch sehe: »Darauf bekannten sich 45 Prozent als Pessimisten – ein sehr hoher Wert, wenn man die Vergleichsumfrage von Ende 2019 (20 Prozent Pessimisten) oder auch jene von Ende 2020 heranzieht: Sogar mitten in der Coronapandemie standen nur 36 Prozent Pessimisten 37 Prozent Optimisten gegenüber. Jetzt ist der Anteil jener, die sich als Optimisten bezeichnen, auf 26 Prozent gesunken« (*Der Standard*, 01.01.24).

Und es wurde im Laufe des Jahres nicht besser. Im Frühsommer lieferte der Politikexperte David Pfarrhofer vom erwähnten Market Institut den Befund: »In Deutschland hat das Allensbach-Institut kürzlich erhoben, dass dort nur 28 Prozent Optimisten sind, der niedrigste Wert seit 1950. Bei uns in Österreich haben wir den Tiefstwert mit 18 Prozent vor eineinhalb Jahren gemessen – aber die derzeitigen 31 Prozent Optimisten sind natürlich auch eine Minderheit. Und in beiden Ländern geht der Mangel an Optimismus mit Konsumzurückhaltung einher, in beiden Ländern ist das Wasser auf die Mühlen von AfD beziehungsweise FPÖ. Im freiheitlichen Lager gibt es besonders wenige Optimisten, dafür aber eineinhalbmal so viele erklärte Pessimisten, nämlich 61 Prozent, wie in der Gesamtbevölkerung, in der sich 40 Prozent als ausdrücklich pessimistisch deklarieren.« Und im Juli 2024 dann: 74 Prozent der Befragten glaubten, dass »Österreich sich in die falsche Richtung entwickelt« (Market-Umfrage für *Der Standard*). 74 Prozent Zukunftsängstliche! 40 Prozent Pessimisten in der Gesamtbevölkerung! Aber wen wundert es? Zu viele dramatische Ereignisse drücken auf die Stimmung: die Kriege in der Ukraine und im Nahen Osten. Die Coronapandemie wirkt noch nach, viel stärker, als man es gemeinhin annimmt. Nach einer Erhebung der Statistik Austria berichten 40 Prozent von psychischen Beeinträchtigungen durch die Auswirkungen der Pandemie. Das Zuwanderungsthema ist ein eigener, riesiger Block. Die Konjunktur ist schwach, die Teuerung hoch, die Unzufriedenheit mit den persönlichen Einkommen ebenfalls. Wohnungseigentum? Unleistbar für junge Leute. Und es gibt mehrere gefährliche Grundströmungen der Grundunzufriedenheit, die bis in die Mittelschicht reichen: einerseits die zunehmende Verschärfung des politischen Diskurses, nicht nur in der politischen Blase, sondern auch im allgemeinen gesellschaftlichen Austausch, vor allem in den sozialen Medien. Über allem schwebt aber das Gefühl breitester Schichten, dass die Regierenden das Geschehen nicht mehr kontrollieren, gestalten, einfach ihren Job nicht mehr angemessen tun. Dass sie sich in Streitereien verzetteln, um Pseudoprobleme kümmern, jedenfalls eher dahindilettieren, als ordentliche Arbeit zu leisten oder gar große Weichenstellungen vorzunehmen. Dieses Gefühl ist auch nicht ganz falsch, jedenfalls in Österreich.

Es wird in diesem Buch noch darauf einzugehen sein, aber meine Erfahrung als politischer Journalist umfasst mehrere große Projekte, die von weitblickenden Politikern angegangen wurden und Österreich verändert haben. Bruno Kreisky modernisierte die Gesellschaft (Frauenrechte, Fristenlösung, Schulbuch- und Schülerfreifahrtenaktion, Homosexualität wurde straffrei) und baute den Sozialstaat aus; Alois Mock warb intensiv für den EU-Beitritt und setzte ihn gemeinsam mit Franz Vranitzky gegen nicht geringe Widerstände durch; beide bauten auch die verstaatlichte Industrie nach der Beinahepleite Mitte der 1980er-Jahre um. Erhard Busek bereitete schon zu (Spät-)Zeiten der kommunistischen Vorherrschaft in Osteuropa die Öffnung nach Ost-Mitteleuropa vor; Wolfgang Schüssel setzte dann der EU-Osterweiterung zumindest keinen Widerstand entgegen (wohl auch, weil die österreichische Wirtschaft massiv in Osteuropa investierte). Was dann kam, war größtenteils schon eine Reaktion auf Krisen: etwa auf die Finanzkrise 2008 (im Gefolge der US-Krise um den Zusammenbruch des Bankhauses Lehman Brothers) oder auf die Umsatzausfälle durch die Corona-Lockdowns, als die Regierung mit Staatssubventionen einschritt. Absolut notwendige Notmaßnahmen, aber keine Zukunftspolitik. Seither verstärkt sich der Eindruck der Unregierbarkeit noch, in Österreich und anderswo. Wer soll eine Regierung bilden, wenn die umfragenstärkste Partei, die FPÖ, nicht als koalitionsfähig gilt und die anderen nur mühsam zusammenfinden können? Noch dazu, wo das Antreten von speziellen Kleinparteien – KPÖ, Bierpartei, Liste Madeleine Petrovic – die Mehrheitsbildung erschwert?

Wofür es sich zu schreiben lohnt? Zum Beispiel, um den tiefen Pessimismus begreifbar zu machen, der offenbar Österreichs Bürgerinnen und Bürger angesichts der Lage ergriffen hat, um seine Ursachen und um mögliche Mittel auszumachen, ihn wieder in eine halbwegs optimistische Grundstimmung zu verwandeln. Über die Politik- und teilweise auch Demokratieverdrossenheit, die gefährliche Ausmaße anzunehmen beginnt. Nicht zuletzt über den neuen, unangenehmen bis hasserfüllten Ton, der nicht nur in der Politik, sondern auch in der von vielen neuen »Mitspielern« bevölkerten Welt der sozialen Medien eingerissen ist. Eine besondere Entwicklung, die auch wir Journalisten nicht richtig verstanden haben, ist das tiefe Gefühl der Bevormundung und des Übergangenwerdens, das die Coronamaßnahmen bei nicht wenigen ausgelöst haben. Das hatte Folgen. Die Pandemie ist vorbei, aber die Radikalisierung ist geblieben.

Gut, die Unglücklichen, Unzufriedenen sind in der Minderheit. Allerdings eine starke Minderheit. Angesichts der Tatsache, dass wir immer noch in einem der wohlhabendsten Staaten Europas (und damit der Welt) leben, ist das erstaunlich und sollte genauer untersucht werden. Eine durch Umfragen abgesicherte Tatsache ist, dass unter Wählern und Sympathisanten von autoritären, populistischen und nationalistischen Parteien die Unzufriedenen und Unglücklichen am stärksten vertreten sind, und zwar mit teils erschreckenden Prozentsätzen. Die Parteien, die die Unglücklichen, Unzufriedenen vertreten oder zu vertreten behaupten, stellen in Europa (und in den USA) im Grunde die Systemfrage. Sie wollen wirklich etwas anderes, ganz anderes. Und zwar ein autoritäres System.

Unter dem Titel »Ich höre ein Ungeheuer atmen« schrieb Nobelpreisträgerin Elfriede Jelinek im Jänner 2024: »Ich höre, wie der Atem der Demokratie schwächer wird … Orbán hat sich schon von der Demokratie verabschiedet, so leichtherzig, dass sie es dort kaum merken, sonst wären sie alle täglich gegen ihn auf der Straße.«

Auch auf der ganz großen Weltbühne scheint das Momentum, die Schwungmasse, auf der Seite der Autoritären zu sein. Sie wollen eine »neue Weltordnung«, in der sie und nicht die demokratischen Rechtsstaaten die Regeln aufstellen. Der russische Präsident Wladimir Putin und der chinesische Präsident Xi Jinping versicherten einander im Frühsommer 2024 erneut der »grenzenlosen Freundschaft« und ließen keinen Zweifel über ihre Absichten, eine neue Ordnung zu schaffen, in der sie zusammen mit Gleichgesinnten – etwa dem Regime in Iran – die wirkliche Macht ausüben. Dazu gehört auch Krieg, um »abtrünnige Provinzen« wie die Ukraine oder Taiwan »heimzuholen«.

Haben sich die liberalen Demokraten verirrt und verzettelt? »Der liberale, vernünftige, mächtige Teil der Republik muss einiges gewaltig falsch machen«, schrieb Bernd Ulrich, der frühere stellvertretende Chefredakteur der *Zeit*, nunmehr freier Essayist, Anfang des Jahres. Er machte einen Vorschlag zur liberalen Selbstkritik: »Während die Rechten eine emotionale Antwort auf die epochalen Herausforderungen – Machtverlust des Westens, Klimakrise, Migration – haben, finden die vernünftigen Kräfte kaum noch Zugang zu den Gefühlen der Menschen. Rechtspopulisten sagen den Leuten: Euer Leben könnte genauso sein wie immer, wenn nur diese linken Eliten nicht wären, die Probleme erfinden, um euch zu gängeln. Die Liberalen sagen: Wir bringen euch eure alte Normalität zurück, wenn wir diese Krise für euch und ohne euch gelöst haben. Und dann noch diese. Und diese … Es ist die Sprache der Technokratie im Stadium der Vergeblichkeit. Worin aber besteht das liberale Projekt?«

Ganz einfach, möchte man meinen: Es geht um die Aufrechterhaltung der liberalen Demokratie, die wir nach dem Zusammenbruch des Nationalsozialismus und des Kommunismus in Europa aufgebaut haben.

»Demokratie« allein genügt nicht? Liberal muss sie auch noch sein? Nun, es gibt Unterschiede. In einer liberalen Demokratie gibt es freie und faire Wahlen, die Opposition und die kritische Presse werden nicht von einem autoritären Regime behindert, es herrschen Gewaltentrennung, Rechtsstaatlichkeit, Menschen- und Bürgerrechte. In anti-liberalen »Demokratien« wird zwar auch gewählt, aber die Wahlen sind weder frei noch fair und die erwähnten Rechte eingeschränkt.

Nun mögen viele gerade in Österreich der Meinung sein, das sei bei uns ohnehin der Fall. Wir seien gar keine echte liberale Demokratie, sondern eine Art Zwischending, wo sich »die da oben alles richten« und »die kleinen Leute nichts zu reden haben«. Diese Sicht von Österreich bekam übrigens durch die Coronamaßnahmen gewaltigen Auftrieb.

Ein Blick zu den Nachbarn Ungarn und Slowakei zeigt uns: Von solchen autoritären Verhältnissen sind wir (noch) meilenweit entfernt. In Österreich wird niemand wegen seiner (demokratischen) politischen Meinung verfolgt, es gibt keine »starken Männer«, die seit Jahrzehnten regieren, die Justiz und die anderen staatlichen Institutionen funktionieren einigermaßen.

Vieles davon ist gefährdet, kein Zweifel. Wie man das bewahrt, was unter dem Ansturm so vieler Krisen ins Wanken geraten ist – darum geht es in diesem Buch.

In Österreich und Europa spürt man den Wandel des politischen Klimas. Wie man das Erreichte bewahrt, damit gilt es sich zu befassen. Der Leidensdruck ist vielleicht noch nicht groß genug, das Gefühl, nun müsse aber wirklich etwas geschehen, noch nicht stark genug.

Wie wir wieder auf sicheren Boden kommen – darüber lohnt es sich zu schreiben. Wie man die Errungenschaften einer bald 80 Jahre währenden Demokratie bewahrt – darüber lohnt es sich zu schreiben.

Zu zeigen, dass und in welcher Weise das Lebensgefühl in unserem Land wie auch in Europa angegriffen ist – das muss dargestellt werden. Das Mittel der Wahl hierfür ist der Journalismus. Und deshalb lohnt es sich zu schreiben.

KAPITEL 2

Was auf dem Spiel steht.

Don't worry, Hans! Woran man merkt, dass das Erreichte auf der Kippe steht.

Ich bin 2013 in einem griechischen Spital wegen einer Verletzung behandelt worden. Dort gab es mehr Ikonen und brennende Kerzen als moderne medizinische Geräte. Der junge Arzt sagte mir, man habe sein Gehalt soeben auf 1.000 Euro gekürzt. Ich war auch vor Jahren einmal kurz in einem Spital in New York. Die erste Frage dort war die nach meinem Vornamen (»*Don't worry,* Hans«), die zweite nach der Privatversicherung. Seither weiß ich das österreichische Krankenhaussystem zu schätzen.

Ich habe 2016 die jungen Drogensüchtigen und Obdachlosen in den Eingängen der Luxusgeschäfte der Londoner Regent Street und der Hauptstraße der mittelalterlichen Universitätsstadt Oxford herumliegen sehen. Man sagte mir, deren Zahl sei sprunghaft angestiegen, weil die britische Regierung unter dem Konservativen David Cameron den humanitären NGOs die Mittel gekürzt habe. Seither schätze ich das österreichische Sozialsystem noch mehr.

Ich war 2005 mit dem Jesuitenpater Georg Sporschill, der sich um Straßenkinder in Rumänien und Moldawien kümmerte, in einem der von ihm betriebenen und von österreichischen Spendern finanzierten Heime in Chişinău, Hauptstadt von Moldawien. Dort leben Kinder, die von ihren Eltern einfach verlassen wurden (damals rund 50 000 im ganzen Land mit 2,5 Millionen Einwohnern). Ein etwa zehnjähriger Bub ließ stundenlang die Hand des Paters nicht los. Am Flugplatz lief ununterbrochen Werbung für westliche Luxusgüter.

Vor Jahren hatte ich in Wien einen US-amerikanischen Journalistenkollegen zu Besuch, der über – was sonst – den Siegeszug des Rechtspopulismus in Österreich und Europa eine Reportage machen wollte. Er sagte zu mir: »Ich komme aus New York. Bei euch sind die Straßen sauber, die Gebäude frisch renoviert, die Müllabfuhr funktioniert, die Restaurants sind voll – warum sind alle so unzufrieden? Warum wählt ihr die Rechtsextremen?«

Eine gute Frage. Wenn man hierzulande mit Statistiken und Berichten darauf hinweist, wie vergleichsweise gut es einem in Österreich geht, stößt man oft auf Unglauben und, schlimmer, Unwillen. Eine tiefe Unzufriedenheit und Angst vor der Zukunft scheinen sich bei sehr vielen eingenistet zu haben. Die Zufriedenheit mit den tatsächlich hohen Sozialstandards – bei allen Problemen – geht zurück. Meinungsumfragen bestätigen das in regelmäßigen Abständen immer wieder aufs Neue. Der tägliche Genuss der Medien, besonders der sogenannten sozialen Medien, scheint uns zu bestätigen, dass die Gesellschaft tief gespalten ist. »Shitstorm« könnte zum »deutschen Wort des Jahres« seit mindestens zehn Jahren gewählt werden.

Der große, übergreifende Rückblick über mehrere Jahrzehnte lässt eine gewisse Zersplitterung, einen Zerfall der österreichischen Bevölkerung in verschiedene »Stämme« erkennen. »Identitätspolitik« ist eine Art, diesen Zustand zu definieren.

Die kleinteilige politische Landschaft, wie sie sich vor den Nationalratswahlen 2024 darstellte, ist ein weiterer Hinweis darauf, dass es kein ausgeprägtes Streben nach Konsens und Zusammenarbeit gibt. Besonders die FPÖ unter Herbert Kickl hatte pauschal alle anderen als »Systemparteien« bezeichnet und »dem System« den Kampf angesagt. Aber auch die anderen – ÖVP, SPÖ, Grüne, Neos –, die zum Teil seit Jahrzehnten zusammengearbeitet hatten (und nicht zum Nachteil des Landes), standen einander mit tiefem Misstrauen gegenüber.

Was steht auf dem Spiel? Zunächst das bislang geltende österreichische Selbstverständnis, dass man Probleme am besten löst; dass es eine gemeinsame demokratische Grundhaltung gibt; dass politische und gesellschaftliche Auseinandersetzungen nur bis zu einem gewissen Punkt gehen dürfen. Dieser Konsens, mit dem gesamten Geflecht aus Institutionen und staatlichen Organen, wurde seit Jahrzehnten tagtäglich gelebt.

Weiters auf dem Spiel steht die mühsam errungene, ohnehin in Österreich nicht völlig umgesetzte, liberale Demokratie mit den Grundideen von Rechtsstaat, Toleranz und Pluralismus. Der autoritären Versuchung würden manche unserer Landsleute gerne nachgeben.

Konkret wäre der FPÖ des Herbert Kickl zuzutrauen, den österreichischen Staat nach dem Kickl-Motto »Machen wir es dem Orbán nach!« umzubauen. Im Juni 2024 gab eine Gruppe um den ehemaligen ÖVP-Spitzenpolitiker und Paradedenker Heinrich Neisser ihren nunmehr letzten »Demokratiebefund« heraus. Weltweit gehe die Zahl der Demokratien zurück. Die Hoffnungen, dass sich mit der Marktwirtschaft auch die Demokratie ausbreiten werde, seien dramatisch enttäuscht worden (siehe China). Der Rückbau der Demokratien zu autokratischen oder halbautokratischen Systemen sei in Österreichs Nachbarschaft (Ungarn, Slowakei) zu besichtigen.

In Österreich selbst sei ein Vertrauensverlust in die Demokratie als Instrument und in die politischen Akteure zu registrieren. Außerdem sei ein Verfall der politischen Kultur und der Diskussionskultur, vor allem in den sozialen Medien, zu konstatieren. Der Politikwissenschaftler Klaus Poier stellt in dem »Demokratiebefund« die »Henne-Ei-Frage«: »Entfernt sich das Volk immer mehr vom demokratischen Prozess und demokratischen Werten und wird damit anfälliger für autoritäre Politik – oder versagt die politische Elite, die die gemeinsame Diskursbasis verloren hat und für autoritäre Politik anfällige Führer ans Ruder bringt, die wiederum Teile des Volkes verführen?«

In der aktuellen politischen Situation Österreichs ist die Antwort wahrscheinlich: beides. Und um die Lage korrekt einzuschätzen, muss man sich mit der realen Situation beschäftigen: Der Chef der FPÖ, Herbert Kickl, kann mit praktisch keiner Führungsfigur einer anderen Partei ein vernünftiges Gespräch führen: mit Kanzler Karl Nehammer nicht, mit SPÖ-Chef Andreas Babler schon gar nicht, noch weniger mit dem Grünen-Obmann Werner Kogler und der Neos-Chefin Beate Meinl-Reisinger. Entsprechende Zitate auf Wunsch lieferbar.

Kickl kann mit ihnen nicht, und sie können mit Kickl nicht. Zumindest sagte das die gesamte Führungsriege der ÖVP von Kanzler Nehammer abwärts vor der Wahl. Das war eine ziemlich einmalige Situation in der österreichischen Nachkriegsgeschichte. Das Prinzip des Konsenses und der Kooperation schien im Frühsommer 2024 ausgeschaltet worden zu sein.

In dieser Form gab es das in Österreich noch nicht.

Ich – und mit mir meine Zeitgenossen – erinnere mich an Zeiten, in denen trotz größter weltanschaulicher Gegensätze zumindest ein minimaler gesellschaftlicher Konsens herrschte. Vermutlich war dies ein Erbe der Nachkriegszeit, als man nach den Erfahrungen des Bürgerkriegs in den 1930er-Jahren, des Nationalsozialismus und angesichts des notwendigen Wiederaufbaus Zweckgemeinschaften einging. Diese hatten auch während der ziemlich langen Herrschaft von Bruno Kreisky, der ab 1971 mit dreimaligen absoluten Mehrheiten (1971, 1975, 1979) regierte, Bestand.

Davor und danach wurde Österreich über lange Zeiträume von einer »Großen Koalition« aus ÖVP und SPÖ regiert, die wiederum ihre Absicherung in der sogenannten »Sozialpartnerschaft« hatte. Diese gibt es in Ansätzen heute noch und besteht im Wesentlichen im Zusammenwirken von Vertretern der Arbeitgeber und Arbeitnehmer. Einst verkehrten die jeweiligen Repräsentanten freundschaftlich miteinander und besiegelten per Handschlag große sozialpolitische Abmachungen. Das gibt es heute nicht mehr.

Ich hatte Gelegenheit, die beiden ikonischen Repräsentanten der Sozialpartnerschaft in ihrer Hochblüte zu erleben: nämlich den Präsidenten der Wirtschaftskammer, Rudolf Sallinger, und sein Gegenüber, den Präsidenten des Gewerkschaftsbundes, Anton Benya. Das war teilweise recht anstrengend, denn die Herren fühlten sich gegenüber Journalisten nicht recht wohl und bestellten sie zu Interviews gerne um sieben Uhr früh, wohl wissend, dass da die meisten Medienleute noch nicht richtig wach waren.

Die Sozialpartner Sallinger und Benya

Beide waren auch persönlich Originale, wie sie heute nicht mehr ins Konzept passen würden: Rudolf Sallinger, wegen seiner rundlichen Gestalt und seinem energischen Auftreten »Kugelblitz« genannt, betonte immer wieder, er sei ja nur »ein einfacher Maurerbub« (er war gelernter Steinmetz). Es gefiel ihm aber sehr, als ich ihn einmal im *Kurier* einen »asiatischen Despoten« nannte. Er verbreitete tatsächlich Angst und Schrecken unter seinen Untergebenen. Beides, sein Despotentum wie auch seine Fähigkeit, sich blitzschnell auf eine unerwartbare Situation einzustellen, erlebte ich einmal bei einer Reise in die USA zum Zwecke einer Messe in Los Angeles, im Rahmen welcher auch österreichische Produkte vorgestellt wurden. Am Abend gab es einen großen Empfang im exklusiven Beverly Hills Hotel, mit allerlei etwas angejahrten Hollywoodgrößen als Aufputz. Die Narration eines kleinen Österreichfilms hatte der Schauspieler Lloyd Bridges über, der in dem Satirefilm *Hot Shots!* einen trotteligen US-Präsidenten spielte.

Dann richteten sich die Scheinwerfer auf Rudolf Sallinger. Er stand da – und brachte vor der versammelten US-Unternehmerschaft den englischen Satz »*Austria salutes California*« nicht heraus. Aber bevor sich monumentale Peinlichkeit ausbreiten konnte, sagte Sallinger auf Deutsch, was von einem österreichischen Dolmetscher gleich kongenial übersetzt wurde: »Tut mir leid, ich bin nur ein einfacher Maurerbub, ich kann nicht Englisch, aber ich liebe die USA, und ich liebe Kalifornien!« Der Saal raste vor Begeisterung.

Zwei Tage später konnte Sallinger wieder den Despoten herauskehren. Bei einem Trip in die texanische Öl- und Raumfahrtsstadt Houston hatte der dortige Handelsdelegierte der Wirtschaftskammer (sie hat ein weltweites Netz dieser Interessenvertreter) den schlechten Einfall, Sallinger in ein Fischrestaurant am Hafen zu bringen. Schon die steile Holzstiege verärgerte den bandscheibengeschwächten Präsidenten. Als er dann merkte, dass es Fisch gab, verlangte er ein Steak. Als dieses gebracht wurde, rief er nach den fehlenden Kartoffeln. Worauf sich spontan eine »*Potato*-Eingreiftruppe« bildete, bestehend aus dem damaligen Wirtschaftsbund-Generalsekretär Wolfgang Schüssel, später Bundeskanzler, und dem damaligen Konsul in Los Angeles Thomas Klestil, später Bundespräsident, die den mitreisenden Mitarbeitern und Journalisten die Kartoffeln für den Herrn Präsidenten vom Teller nahmen.

Sallinger traf sich mit seinem Gegenüber auf der Arbeitnehmerseite, ÖGB-Präsident Anton Benya, gerne auf ein Glas Wein, um die großen Rahmenbedingungen für die österreichische Sozial- und Wirtschaftspolitik auszuhandeln. Meist wurde dabei der Regierung schon ziemlich viel vorgegeben – Löhne, Preise, Beamtengehälter, Sozialgesetzgebung et cetera. Es war im Großen und Ganzen gut für den Staat Österreich und seine Menschen. Es war nicht sehr demokratisch, unter anderem deshalb, weil Benya jahrelang nicht nur Chef der größten

Arbeitnehmervertretung, sondern auch Präsident des Nationalrats war.

Heute undenkbar. Der heutige ÖGB-Präsident Wolfgang Katzian legte mit Amtsantritt sein Abgeordnetenmandat zurück, der heutige Präsident der Wirtschaftskammer, Harald Mahrer, war nie Mitglied des Nationalrats.

Benya liebte die Öffentlichkeit abseits von Gewerkschaftsversammlungen noch weniger als Sallinger. Aber ein Präsident des Nationalrats hatte auch protokollarische Pflichten, und so kam es einmal anlässlich des Besuchs des libyschen Diktators Muammar al-Gaddafi in Österreich zu einem denkwürdigen Zusammentreffen. Gaddafi war zu Beginn der 1980er-Jahre nach Österreich eingeladen worden, weil sich Kreisky davon erstens gute Wirtschaftsbeziehungen mit dem ölreichen Land und zweitens (fälschlich) eine Unterstützung für seine Friedensbemühungen rund um Israel, die Palästinenser und die arabischen Staaten versprach. Beim Bankett zu Ehren von Gaddafi war ich zugegen und konnte beobachten, wie Kreiskys Kopf immer tiefer in seine Hände sank, als Gaddafi in seiner Tischrede mit seiner monotonen Stimme die »blutigen Lakaien und Hunde des amerikanischen Kapitalismus und Imperialismus« verurteilte.

Aber das Protokoll verlangte eben auch, dass der »Revolutionsführer« Gaddafi mit dem Präsidenten des Nationalrats zusammentraf. Der hochgewachsene Wüstensohn begegnete beim Einzug ins Parlament durchaus wohlwollenden Blicken der neugierigen Klub-Mitarbeiterinnen (»Fesch ist er schon ...«). Dann wurde ihm von Benya die österreichische Sozialpartnerschaft erklärt und eine entsprechende Schrift überreicht. Die legte der libysche Diktator fast verächtlich zur Seite, holte ein Büchlein heraus und erklärte Benya eine Viertelstunde lang, dass dieses von ihm persönlich verfasste *Grüne Buch* die Lösung für alle Probleme der Politik und des Lebens sei.

Die Demokratie werde durch die »Macht des Volkes« abgelöst, und was die Frauen beträfe: Die Frau sei zart und schön geschaffen, der Mann hingegen stark und widerstandsfähig. Daraus ergäben sich verschiedene Aufgaben der beiden Geschlechter.

Nicht undenkbar, dass damals auch manche österreichische Männer oder sogar Gewerkschafter ähnliche Ansichten hatten, aber das war natürlich mit der sozialdemokratischen Programmatik unvereinbar. Benya war sichtlich erleichtert, als Gaddafi davonzog.

Aber es kamen andere Zeiten: Die Macht des Gewerkschaftsbunds im Sozialgefüge ist seither stark beschnitten worden, schon unter der ersten schwarz-blauen Koalition von Kanzler Wolfgang Schüssel und dann noch einmal massiv unter Kanzler Sebastian Kurz. Krankenkassen wurden zusammengelegt und bei der Gelegenheit auch der Einfluss der »roten« Sozialpartner auf die Institutionen der Sozialversicherung drastisch beschnitten. Große Einsparungen und »Sparen im System«, wie von Kurz & Co. versprochen, hat das nicht gebracht.

Das Ergebnis: gegenseitiges Misstrauen auf allen Ebenen. Entfremdung zwischen den jahrzehntelangen Partnern SPÖ und ÖVP. Zugleich vollzog sich eine bemerkenswerte Entwicklung: Die FPÖ, seit über einem Jahr stabil bei rund 30 Prozent in den Umfragen, setzte das auch erstmals bei bundesweiten Wahlen in die Realität um. Bei den EU-Wahlen im Juni wurde sie Nummer eins.

Zwar nicht wie vorhergesagt mit 30 Prozent, aber immerhin mit deutlich über zwanzig. Das bewog die ÖVP in einer überschießenden Reaktion, gleich das »Kanzlerduell« zwischen Kanzler Karl Nehammer und Herbert Kickl auszurufen. SPÖ-Vorsitzender Andreas Babler sagte zwar volkstümlich: »Die FPÖ ist packbar«, aber in der veröffentlichten und wohl auch in der öffentlichen Meinung spielte er in dieser Liga nur bedingt mit.

Wahlentscheidend war nach einer Analyse des Fore-sight-Instituts (Nachfolge des früheren SORA-Instituts) die »Migrationsfrage«. 44 Prozent der Wählerinnen und Wähler diskutierten sie im Wahlkampf sehr häufig, allerdings mit 43 Prozent dicht gefolgt von Sicherheit und Krieg.

Es wurde erwartet, dass sich an diesem »Sorgenpaket« der Bevölkerung, vielleicht noch erweitert durch die Teuerung, nicht so schnell etwas ändern würde. Ein starker Einfluss auf die Wahlen zum Nationalrat wurde angenommen. Vor allem nehme die FPÖ damit Kurs auf die Spitzenposition.

Was bedeutet das für Österreich? Erstmals bei Wahlen auf Bundesebene eine Partei an der Spitze zu haben, die nach allen möglichen Definitionen rechtspopulistisch, national-populistisch, rechtsextrem, extrem rechts oder »rechtsaußen« ist. Man mag über diese Einordnung streiten. Man mag die Tatsache, dass Herbert Kickl selbst gesagt hat, er trage die Bezeichnung »rechtsextrem« wie »einen Orden auf der Brust«, als paradoxe Wendung ins Groteske verstehen. Aber wer ge-nauer hinsieht, erkennt in der Rhetorik und Programmatik der Kickl-FPÖ starke Übereinstimmungen mit den verschiedenen anerkannten Rechtsextremismus-Definitionen:

Nach der Definition des deutschen Politikwissenschaftlers Hans-Gerd Jaschke geht der Rechtsextremismus von »einer natürlichen Ungleichheit der Menschen und der Überlegenheit der eigenen (deutschen) Rasse aus. Er verlangt nach ethnischer Homogenität«. Er gibt der »Volksgemeinschaft« den Vorrang vor dem Individuum. Daher werden die Menschenrechte relativiert. Der Rechtsextremismus lehnt den Pluralismus der Demokratie ab und will das Führerprinzip.

Nach den Kriterien des Dokumentationsarchivs des öster-reichischen Widerstandes (DÖW), die wiederum auf den Arbeiten des Klagenfurter Wissenschaftlers Willibald Holzer basieren, ist das zentrale Element rechtsextremer Ideologie der Begriff »Volk« bzw. »Volksgemeinschaft«, wobei primär das deutsche Volk als Bezugsgröße dient. Bedeutung erhält der Einzelne durch seine Verpflichtung auf die Ganzheit des Volkes. Gewünscht wird ein starker Staat, der nach innen und außen verlorene Stärke und Geschlossenheit rekonstruiert. Gefordert wird eine völkisch legitimierte, im Gegensatz zur herrschenden angeblich »wahre« Demokratie sowie die Identität von Volk und Führung.

In enger Verbindung mit diesen nach wie vor biologistisch begründeten Konzepten wird verschiedensten Gruppen Sündenbockfunktion zugeschrieben. Dies kann Ausländer ebenso betreffen wie sprachliche oder religiöse Minderheiten, Wissenschaftler verschiedenster Fachrichtungen, Politiker der etablierten Parteien, die Möglichkeiten sind vielfältig. An die Stelle rationaler Analysen treten Verschwörungstheorien zur Erklärung der negativen Folgen des sozialen Wandels oder anderer Probleme.

»Der politische Stil des Rechtsextremismus ist geprägt von Gewaltlatenz und Gewaltakzeptanz, die sich jedoch vorwiegend in verbalen Angriffen auf politische Gegner und Andersdenkende äußern. Der Übergang zur physischen Gewalt wird in erster Linie vom militanten Rechtsextremismus und Neonazismus vollzogen.« (zitiert nach Brigitte Bailer-Galanda für das DÖW)

Die deutsche Bundeszentrale für politische Bildung (BpB) hat eine ähnliche Definition: »Das rechtsextreme Weltbild ist gekennzeichnet durch Nationalismus, Fremdenfeindlichkeit, völkische Ideologie, Antisemitismus, Geschichtsklitterung, einhergehend mit der Verherrlichung des NS-Regimes und Relativierung bis zur Leugnung des Holocaust, Diffamierung und Ablehnung des demokratischen Rechtsstaats und seiner Institutionen«.

Wie passt die FPÖ, wie passt Kickl da hinein? Unglücklicherweise ziemlich genau. Die »Ausländerfeindlichkeit« und die Betonung des eigenen, »wahren« Volkes durch die FPÖ vor und mit Kickl kann als bekannt vorausgesetzt werden. Das kommt manchmal im scheinbar humorigen Dialekt daher (»Daham statt Islam«, »Schweinskotelett statt Minarett« – alles Sprüche, die vom frühen Kickl ausgedacht wurden); in letzter Zeit hat sich die Sprache Kickls allerdings radikalisiert – nicht nur, weil er eindeutige Nazibegriffe verwendet, sondern auch, weil bei seinen immer konkreteren Ansagen der Wunsch nach einem Umsturz, nach einer Änderung der Staatsverfassung durchschimmert.

Kickls Parole lautete im Frühsommer 2024 »Mit euch gegen das System«. Mit System waren alle anderen demokratischen Parteien gemeint, denen Kickl in einer Neujahrsrede empfahl, als »Liste Volksverrat« gemeinsam anzutreten. Er habe dazu auch schon »eine so lange Fahndungsliste – Nehammer, Rauch, Edtstadler, Kogler, Schallenberg … *wanted, wanted*«.

Mit »System« ist aber die demokratische Grundordnung und ihre Institutionen (wie etwa kritische Medien) gemeint – und da sind die Anklänge an die Nazis und an die Rhetorik Hitlers nicht zu übersehen. Kickl redet immer wieder vom »System«, den »Systemparteien«, dem »Systemkanzler« und bietet sich als Gegenentwurf an: »Ich will ein freiheitlicher Volkskanzler sein, statt Kanzler des Systems.«

Hitler in diversen Reden: »Die Systemparteien sind zu jeder Lüge, zu jedem Schwindel bereit«. »Die Systemparteien müssen mit Feuer und Schwert ausgerottet werden«.

Dieser Gleichklang in der Rhetorik lässt sich mit etlichen Zitaten nachvollziehen. »Volksverrat« und »Fahndungslisten« sind natürlich ebenfalls NS-Kampfbegriffe, genauso wie »die internationale Clique«, die »Eliten des Globalismus«, deren »Ziel die Entwurzelung des Einzelnen und die Entwurzelung der Völker« sei. So Kickl bei einer Konferenz der Ultrakonser-

vativen in Budapest. Klingt genau so wie die »kleine wurzel-
lose internationale Clique, die die Völker gegeneinanderhetzt«,
gegen die Adolf Hitler wütete.

Genug zitiert. Meint Kickl das alles ernst?

Der Arbeitersohn aus einem Kärntner Tal ist zweifellos
der Belesenste unter den Obmännern der Freiheitlichen Partei,
wahrscheinlich sogar belesener als Jörg Haider, der immerhin
Assistent am Institut für Staats- und Verwaltungsrecht an der
Universität Wien war. Sein abgebrochenes Philosophiestudium
dient ihm als Fundament für seine Ausflüge in das Reich der
rechten Ideologien. Er hat sich eine rechtsintellektuelle Welt-
anschauung zusammengelesen, die er aber mit seinem Hang
zu flott gereimten, durchaus volkstümlichen Polemiken verbinden kann. Sein Redestil erinnert manche an den pathetischen
Singsang mit Tremolo eines Josef Goebbels. Auch er liebt es,
alle Gegner zu verhöhnen und sie zu bedrohen (»wir treten
nach oben«).

Kickl war lange der zweite oder dritte Mann bei Haider,
lieferte ihm seine Sprüche, darunter auch die berüchtigte
antisemitische Anspielung »Wie kann jemand, der Ariel heißt,
so viel Dreck am Stecken haben!« (Ariel lautet der Vorname
des damaligen Präsidenten der Israelitischen Kultusgemeinde
und ist auch der Markenname eines bekannten Waschmittels).
Mit Haider hat Kickl dann gebrochen, weil er dessen partei-
spalterisches Verhalten nicht mehr ertrug. Er diente dann
Strache, und als dieser über Ibiza fiel, kam zunächst auf kurze
Zeit Norbert Hofer – bis der zweite Mann Kickl nun meinte,
er könne das eigentlich besser. Er entdeckte, dass er sich im
Bierzelt auch sehr gut macht, obwohl er nicht das gute Aussehen und den verführerischen Charme von Haider besitzt.
Man merkt ihm an, dass er sich über seine Wirkung als Volks-
tribun freut – wobei nicht sicher ist, ob der Erfolg wirklich
mit ihm zusammenhängt oder mit den populistischen Themen,

die er anschlägt. Wer ihn bei seinen Reden beobachtet, merkt, wie er fast verwundert ist, dass so jemand wie er solchen Zuspruch hat.

Kickl ist von Ressentiments getrieben, er lässt seinen inneren Radikalismus immer mehr heraus. Aber er ist auch ein ziemlich cooler Stratege. Das zeichnete sich in den Monaten und Wochen vor der Wahl schon ab. Und ja, er meint das ernst – sein Ziel ist der Umbau Österreichs zu einer autoritären Pseudodemokratie mit stark populistischen Elementen. »Machen wir es Orbán nach« – dieser Spruch Kickls war vordergründig auf die Migrationspolitik des ungarischen Autokraten gemünzt. Aber die Idee dahinter ist genau dieselbe: Ausschaltung der unabhängigen Justiz, Zähmung der kritischen Medien, Wahlrechtsänderung, die einer, seiner Partei den Sieg sichert, »Aufräumen« in der Kulturszene. Und Schaffung eines personalisierten Feindbildes.

Dabei hatte schon Jörg Haider vor Jahrzehnten eine ausformulierte Vorstellung, wie ein autoritärer Staat nach seinem Geschmack institutionell aussehen soll: In seinem Buch *Die Freiheit, die ich meine. Das Ende des Proporzstaates. Plädoyer für die Dritte Republik* von 1993 skizzierte er den Staatsumbau: Bundespräsident und Kanzler werden zusammengelegt, das Amt erhält somit eine enorme Machtfülle (Italiens Giorgia Meloni versucht so etwas). Ministerrat und Parlament werden zahlen- und kompetenzmäßig zusammengestutzt, regiert wird mit dauernden Volksabstimmungen über populistische Themen.

Die Parole aller Kickl-Gegner lautete: Er darf nicht Kanzler werden, auch wenn die FPÖ stärkste Partei wird.

Das konnte man sogar ernst nehmen, selbst wenn es von der ÖVP kam. Die Abneigung ist echt. Und einigermaßen begründet auch aus der Sicht der Volkspartei. Blöd nur, dass die Thematik und Programmatik von ÖVP und FPÖ ziemlich ähnlich waren, vor allem, was das Thema Migration betrifft. Und dass die Gemeinsamkeiten der ÖVP mit der SPÖ des Andreas Babler mehr als bescheiden ausfielen.

Aber hat nicht die Partei, die auf den ersten Platz kommt, den Anspruch auf den Kanzlersessel? Ein weit verbreiteter Irrtum. In der Verfassung steht das nicht – und der Bundespräsident kann mit der Regierung beauftragen, wen er will. Es muss dazu nur eine parlamentarische Mehrheit geben, damit die Regierung nicht gleich durch einen Misstrauensantrag gestürzt wird.

Für den Fall, dass aber die ÖVP doch ihre Abneigung gegen Kickl ablegen und ihn als Kanzler akzeptieren könnte, richteten sich die Hoffnungen auf den Bundespräsidenten Alexander Van der Bellen: Er hatte schon früher signalisiert, dass er einen EU-Gegner und Russlandfreund wie Kickl nicht so einfach angeloben würde. Es wurde vermutet, dass Van der Bellen im Falle des Falles so lange die Angelobung verweigern und auf die ÖVP einreden würde, bis die zur Vernunft kommt.

Es gab jedoch Grund zu der Annahme, dass diese Entwicklung Herbert Kickl und seine FPÖ gar nicht so sehr stören würde. Sie gingen offensichtlich davon aus, dass es diesmal nichts mit dem Kanzler werden würde; dass sich eine Dreierkoalition bilden müsste, die aber nicht lange halten würde. Er könnte dann noch mehr vom »System« fantasieren, das ihn um seine rechtmäßige Herrschaft bringt.

Nach zwei Jahren würde die Koalition zerbrechen, die frustrierte Wählerschaft würde jetzt erst recht die FPÖ unterstützen, die käme dann in Richtung 40 Prozent – und könnte (zusammen mit einer völlig demoralisierten ÖVP) daran gehen, Österreich im rechten Sinn umzubauen.

Das ist für viele eine Schreckensvision, aber sie ist nicht unrealistisch. Sie wird unterstützt durch den »Ruck nach rechts«, den es bei den Wahlen zum EU-Parlament etwa in

Frankreich, Deutschland, Österreich und Italien gegeben hat. Kickl hätte dann eine viel bessere Legitimation als heute, um seinen wirklichen »Systemwechsel« durchzuziehen, eventuell auch komplett mit einem Öxit.

Es mag auch sein, dass viele Wähler der Kickl-FPÖ, wahrscheinlich sogar die Mehrheit, gar nicht der Meinung sind, dass es sich da um eine rechtsextreme, in Ansätzen sogar mit nationalsozialistischen Begriffen spielende Partei handelt. Sie wollen einen Protest loswerden, sie haben sich die FPÖ nicht so genau angesehen, sie denken nicht, dass Kickl mittelfristig antidemokratische Pläne haben könnte.

Hinter der fundamentalen Kritik Kickls und der FPÖ am ganzen »System« steht aber mit hoher Wahrscheinlichkeit eine kommunikative Strategie: Wir, die Wähler, sollen uns daran gewöhnen, dass autoritäre Modelle für den Staat nicht undenkbar sind. Aber was bedeutet das? Wenn man es konsequent durchdenkt, steht am Ende einer solchen Entwicklung so ziemlich alles, was unsere Errungenschaften sind, womit wir Jahrzehnte gut gefahren sind: die Demokratie, der soziale Friede, die Bereitschaft zum Kompromiss, der politische Konsens in den ganz großen Fragen, letztlich der Erfolg des Österreichs seit 1945.

Das sind, zugegeben, mehr oder weniger haltbare Prognosen. Aber die Frage bleibt: Wo wird das enden – und was kann man dagegen tun?

KAPITEL 3

Das Personal der Republik.

Zeichensetzer, Pflichterfüller und Blender

Politiker sind traditionell wenig geachtet in Österreich – getreu dem Motto des legendären »Herrn Karl« von Carl Merz / Helmut Qualtinger: »So a Regierungsmitglied is a net anders als I. Und I kenn mi«.

Dennoch hat es nach der Neugründung der Republik 1945 immer wieder Persönlichkeiten gegeben, die diese Republik kennzeichneten – im Guten wie im weniger Guten. Vielleicht besonders charakteristisch für Österreich ist die Ambivalenz, die viele von ihnen prägte. Sie leisteten überwiegend Herausragendes, hatten aber auch beträchtliche, oft grundlegende Defizite. Meist hatte das mit der NS-Vergangenheit der Österreicher zu tun, die erst langsam durch ein größeres Demokratieverständnis abgelöst wurde. Karl Renner (SPÖ), Julius Raab und Leopold Figl (ÖVP), wahre Gründerväter der Republik, ließen etwa auch nach dem Holocaust ihre antisemitische Prägung aus vergangenen Jahrzehnten hervorblitzen.

Die neue Republik und ihre wirklich beeindruckende Aufbauleistung fand vor dem Hintergrund einer politischen Grundstimmung statt, in der immer noch nicht alle alten autoritären Denkmuster verschwunden waren und die Haltung »Es war nicht alles schlecht damals« weit verbreitet war. Vielleicht ging es auch gar nicht anders, da so viele Österreicherinnen und Österreicher – die »Kriegsgeneration« – nicht zugeben konnten und wollten, dass da etwas fundamental Falsches gewesen war.

Vor diesem Hintergrund musste ein modernes Österreich gebaut werden – was ja auch gelang und gar nicht genug zu achten ist. Wie gingen die wesentlichen »Player« der Zeit zwischen den 1970er- und den 1990er-Jahren damit um? Die unmittelbare Nachkriegszeit war vorbei, Österreich entwickelte sich zu einem der wohlhabendsten, auch friedlichsten Staaten der Welt. Wie war es damals, was ist heute gleich, und was ist anders?

Die folgenden Kurzporträts von wesentlichen Gestaltern dieser Jahre sind durch persönliche Erfahrungen und Beobachtungen geprägt.

Bruno Kreisky – der wahre »Volkskanzler« mit dunkler Seite

Kreisky war zweifellos jemand, der eine Zeitenwende in Österreich herbeigeführt hat. Nicht nur, weil er der erste sozialdemokratische Kanzler nach 1945 war und weil er dreimal hintereinander – 1971, 1975, 1979 – eine absolute Mehrheit erreichte. Sondern vor allem, weil er ein Kanzler und ein SPÖ-Vorsitzender der Modernisierung war. Er hat Österreichs Gesellschaft weitergebracht. Die absurden, ja tief reaktionären Verhältnisse etwa vom Mann als »Haushaltsvorstand«, dessen Einverständnis (theoretisch) notwendig war, damit die Ehefrau arbeiten gehen konnte, kann man sich heute nicht mehr vorstellen. Kreisky reformierte das Familienrecht, das Sexualstrafrecht (Homosexualität), er setzte die Straffreiheit für Schwangerschaftsabbruch bis zum dritten Monat (Fristenlösung) durch. Mit der Einführung der Schülerfreifahrten und der Schulbuchaktion wurden ganz neue Schichten an eine höhere Bildung herangeführt. Weiters die Mitbestimmung der Betriebsräte im Aufsichtsrat von Kapitalgesellschaften 1973, andere Maßnahmen zur Humanisierung der Arbeitswelt, die 40-Stunden-Woche, Mitbestimmung an den Hochschulen usw.

Kreisky war ein Modernisierer, wie es in Österreich bisher keinen gegeben hatte. Darüber ist schon sehr viel geschrieben worden. Aber warum ging er dann nie die bis dahin verschlampte echte »Aufarbeitung der NS-Vergangenheit« an?

Warum ließ er seinen Justizminister Christian Broda, sonst ein Progressiver, reihenweise NS-Verbrecherprozesse wegen mangelnder Erfolgsaussicht einstellen? Sicher auch, weil es zu skandalösen Freisprüchen vor österreichischen Geschworenengerichten gekommen war.

Aber, und das ist jetzt teilweise Spekulation, so der Schluss aus dem einen oder anderen Gespräch mit Kreisky, weil er offenbar glaubte, seine sonstige große Reformagenda nicht durchbringen zu können, wenn er nicht Rücksicht auf die »Kriegsgeneration« nahm. Und weil er als »Altösterreicher« großbürgerlich jüdischer Abkunft dachte, er müsse die starke antisemitische Grundeinstellung und die NS-Nostalgie vieler Österreicher für den politischen Erfolg und für das größere Ziel in Kauf nehmen.

Tatsächlich enthielt schon seine allererste Regierungserklärung der Minderheitsregierung 1970–71 einen Passus, in der der Kriegsgeneration die Hand zur »Versöhnung« entgegengestreckt wurde. Das trug mit Sicherheit zu der darauffolgenden absoluten Mehrheit bei.

Auch seine offene und versteckte Zusammenarbeit mit der FPÖ des früheren Waffen-SS-Offiziers Friedrich Peter lässt sich aus einer Mischung aus kaltem politischen Kalkül und paradoxen persönlichen Motiven erklären. Kreisky konnte die ÖVP nicht ausstehen. Ihre Vorläufer, die austrofaschistische christlich-soziale Dollfuß- und Schuschnigg-Partei, hatten den Jungsozialisten 1936 ins Gefängnis gesperrt. Dort wurde er in eine Zelle zusammen mit einem illegalen Nazi gesetzt, vermutlich eine bewusste Boshaftigkeit. Aber die beiden fanden irgendwie zu gegenseitigem Respekt – und, wie Kreisky immer wieder uns Journalisten erzählte, war es dann dieser Nazi, der ihm 1938, nach dem »Anschluss«, die Ausreise ermöglichte und ihm damit wohl das Leben rettete (der Mann wurde 1945 als Kriegsverbrecher hingerichtet).

Diese Gespräche fanden übrigens nicht nur im Kanzleramt in der »Zigarrenkiste« statt (dem vom Architekten Oswald Haerdtl mit Komplettvertäfelung ausgestatteten Kanzlerzimmer, an der Wand ein Hundertwasser und ein Arnulf Rainer). Ein bevorzugter Ort war auch die Biedermeiervilla mit riesigem Park in der Armbrustergasse im Wiener Nobelbezirk Döbling (sie wurde zunächst Kreisky von der Wiener Städtischen Versicherung für eine eher bescheidene Miete zur Verfügung gestellt; dann vom Industriellen Karl Kahane, einem Freund Kreiskys, gekauft und zur Verfügung gestellt – heute ist sie Sitz der Bruno Kreisky Stiftung).

Der Kanzler führte gerne Gespräche im Beisein seiner beiden Boxerhunde, die die Hosenbeine der Besucher ansabberten. Die Telefonnummer stand im Telefonbuch. Man rief an, es meldete sich der Chauffeur / Leibwächter des Kanzlers, und man wurde meist weiterverbunden – als Journalist fast immer, als einfacher Bürger öfters. »Heut' hat mich einer angerufen, weil es bei seinem Dach hereinregnet«, erzählte Kreisky einmal.

So biedermeierlich war die Situation nicht immer. Die Wut des jungen Kreisky gegen die reaktionären Ständestaatler der ersten Republik war nach seiner – übrigens späten und auch von der eigenen Partei nicht gerade aktiv betriebenen – Rückkehr aus dem schwedischen Exil nicht verflogen. Die Großen Koalitionen der Zeit von 1945 bis 1966 empfand er als hinderlich für eine echte Reformpolitik. 1970 wurde die SPÖ mit ihm an der Spitze stärkste Partei. Nun hätte man mit der ÖVP weitermachen können, die allerdings gar nicht glauben wollte, dass sie ihre Erbpacht im Kanzleramt verlieren sollte. Die einzige Alternative, eine echte Dominanz zu erreichen, war eine Koalition mit der FPÖ des Friedrich Peter. Noch in der Wahlnacht einigte sich Kreisky mit ihm auf eine Tolerierung einer SPÖ-Minderheitsregierung gegen eine »kleine Wahlrechtsreform«, die der Fünf-Prozent-Partei FPÖ bessere Chancen bot.

Das war Kreiskys Chance, und er nutzte sie. Nach einem Jahr rief er Neuwahlen aus und erreichte die absolute Mehrheit (50,04 Prozent). Überlegungen bezüglich einer Kleinen Koalition mit der FPÖ waren damit hinfällig. Die große Reformpolitik konnte beginnen.

Kreisky hielt aber nach wie vor Kontakt zu Friedrich Peter, weil er sich die FPÖ als potenziellen Koalitionspartner »warmhalten« wollte – und weil, das ist jetzt rein persönliche Spekulation von mir, er eine geheime Genugtuung empfand, dass der überzeugte Nationalsozialist und Waffen-SS-Offizier Friedrich Peter fast mit Bewunderung zu ihm aufschaute. Ein scharfzüngiger Beobachter sagte mir damals: »Das gefällt dem Kreisky, dass ihm der scharfe deutsche Schäferhund Pfote gibt.«

Auf einer anderen Ebene verstand Kreisky Peter nur zu gut: Der FPÖ-Politiker kam aus einem sozialdemokratischen Elternhaus, die Hinwendung zu den Nazis hatten viele Arbeiter nach der Enttäuschung über die eigene sozialdemokratische Führung (Niederlage im Bürgerkrieg 1934) und nach den ersten Erfolgen der »ordentlichen Beschäftigungspolitik im Dritten Reich« (Jörg Haider) vollzogen.

Aber das rechtfertigt nicht, was dann 1975 folgte. Knapp vor den Wahlen im Herbst veröffentlichte der »Nazijäger« Simon Wiesenthal im Magazin *profil* Unterlagen über die Waffen-SS-Einheit, der der junge Friedrich Peter als »Unterscharführer« (Unteroffizier) angehörte. Diese I. SS-Infanteriebrigade war eine reine Judenmordeinheit. Sie führte im Sommer 1941, nach dem Überfall auf die Sowjetunion, als Teil der sogenannten »Einsatzgruppen« in der Ukraine und in Weißrussland laufend Erschießungen von jüdischen Zivilisten durch, die als »Bandenbekämpfung« deklariert wurden, aber auch gegen Frauen und Kinder gerichtet waren. Nach dem Krieg gab es einen Strafprozess gegen Mitglieder der 5. Kompanie des 10. Regiments dieser Brigade, in dem die Mordbefehle und -taten klar dargelegt wurden.

Peter war Mitglied dieser 5. Kompanie (eine Kompanie hat etwa 200 Mann). Er erklärte, nicht an Erschießungen beteiligt gewesen zu sein und auch nichts davon gewusst zu haben. Ersteres war denkmöglich (Verweigerer wurden dann allerdings nicht auf einen Offizierskurs geschickt wie Peter), zweiteres nicht.

Trotzdem nahm Kreisky Peter in Schutz und steigerte sich in einen unfassbaren, auch verleumderischen Furor gegen Wiesenthal hinein. Seine Motive sind bis heute schwer nachvollziehbar – er dachte vielleicht, sein Werk der »Versöhnung« mit der »Kriegsgeneration« sei dadurch gefährdet; oder er bangte ganz konkret um den möglichen Partner FPÖ. Peter sollte dann sogar von der SPÖ zum 2. Nationalratspräsidenten gemacht werden, was aber eine zivilgesellschaftliche Unterschriftenaktion rund um das *profil* verhinderte.

Jedenfalls ist diese Affäre ein sehr dunkler Fleck auf der sonst glänzenden Leistung Bruno Kreiskys und letztlich rational nicht erklärbar.

Ein großer Gegenspieler und zugleich Partner Kreiskys war Kardinal Franz König. Gegenspieler, weil er mit der sogenannten Fristenlösung nicht einverstanden sein konnte; Partner, weil er die Aussöhnung der katholischen Kirche mit der Sozialdemokratie betrieb – was ihm den Beinamen »Der rote Kardinal« eintrug. Noch bei seinem Begräbnis im Jahr 2004 ließ der aus Rom angereiste Kardinal Joseph Ratzinger (später Papst Benedikt XVI.) im Hintergrundgespräch mit Journalisten im Erzbischöflichen Palais seine Skepsis gegenüber dem »zu liberalen« König durchklingen.

König war von 1956 bis 1985 Erzbischof von Wien und prägte mit seiner zugleich durchgeistigten und humorvollen

Art den Ton der Kirche. Sein Vorgänger war bekanntlich Kardinal Theodor Innitzer gewesen, der den »Anschluss« Österreichs an Hitlerdeutschland begrüßt hatte. Zu den großen Leistungen Königs gehörten seine intensiven Kontakte zur Kirche im Osten in der Zeit des Kommunismus. Daraus entsprang auch die Bekanntschaft mit dem Bischof von Krakau, Karol Wojtyla, an dessen Wahl zum Papst (Johannes Paul II.) König dann entscheidenden Anteil hatte.

Meine Gespräche mit Kardinal König fielen überwiegend in die Zeit nach seinem Kardinalsamt. Er beeindruckte einmal bei einem von Kanzler Vranitzky veranstalteten Gesprächswochenende mit diesem Geständnis: »Auch ich habe einmal eine Zeit lang als junger Priester geglaubt, dass Jesus nur ein besonders bedeutender Prophet, aber nicht der Sohn Gottes war.«

Kreiskys Regierungskunst bestand unter anderem darin, große Niederlagen in politische Erfolge umzuwandeln. Zweimal wurde dem Volkskanzler durch ein Volksvotum ein Lieblingsprojekt vermasselt. Zweimal drehte er die Niederlage zu einem Triumph. Die österreichische Sozialdemokratie war in den 1970er-Jahren technikgläubig, und so wurde das schon länger geplante Atomkraftwerk in Zwentendorf an der Donau forciert. Aber dagegen fand sich eine Koalition aus den ersten »grün« denkenden Menschen und mehrheitlich Bürgerlichen, die sowohl die Gefahren der Atomkraft fürchteten als auch dem dominierenden Kreisky eins auswischen wollten. Als Kreisky dann 1978 ein Referendum über das Atomkraftwerk ansetzte – in dem festen Glauben, die Österreicher würden sich für die Moderne entscheiden –, hatten die »Nein«-Stimmen die Mehrheit. Kreisky entschied gegen das AKW und fuhr im nächsten Jahr seine dritte absolute Mehrheit ein.

1982 eröffnete die ÖVP unter Alois Mock ein Volksbegehren gegen das von Kreisky favorisierte Konferenzzentrum bei der UNO-City in Wien-Donaustadt. Es war Teil von Bemühungen Kreiskys (und seiner Vorgänger), möglichst viele UN-Institutionen nach Österreich zu bringen, um die neutrale Position Österreichs abzusichern. Die ÖVP polemisierte wegen der Kosten – und das Volksbegehren wurde von 1,4 Millionen wahlberechtigten Österreichern unterschrieben, die größte Beteiligung an einem Volksbegehren in der Zweiten Republik. Auf ähnlich hohe Beteiligung (1,2 Millionen Unterschriften) kam nur das Gentechnik-Volksbegehren von 1997. Was uns einiges über die Mobilisierungsfähigkeit der Österreicher gegen Internationalität und Zukunftstechnologien sagt.

Das Konferenzzentrum wurde trotzdem gebaut. Kreisky war kein »Neutralist« in dem Sinn, dass er eine Schaukelpolitik zwischen Ost und West wollte. Er hatte mit dem »real existierenden Sozialismus« im sowjetischen Machtbereich absolut nichts am Hut, wenn er sich auch um ein gutes Verhältnis bemühte. Bei einem Staatsbesuch in Budapest beim ungarischen Präsidenten János Kádár (an dessen Händen das Blut der Aufständischen von der Revolution 1956 klebte) erlebten wir einerseits die Lockerungen im Alltag (»Gulasch-Kommunismus«), andererseits die ganze Denkweise einer kommunistischen Diktatur. Weil unser Zug mit einem altmodischen Salonwagen bei der Fahrt durch die Vorstädte nach Budapest hinein einige Eisenbahnbrücken passierte, war der nachmittägliche Berufsverkehr auf Kilometer hinaus gesperrt. Bei einem Abendessen für den journalistischen Tross im berühmten Restaurant *Gundel* warteten wir ewig auf das Essen – bis uns der ungarische Protokollchef / Geheimdienstler erklärte, wir müssten das Eintreffen unseres »Chefs« abwarten. Unter »Chef« verstand er Wolfgang Petritsch, den Pressesekretär des Kanzlers …

Kreisky brauchte eigentlich keinen Pressesekretär oder irgendwelche Spindoktoren. Er war der Erste, der als Solist auf dem Klavier der Pressebeeinflussung bravourös spielte. Er hatte vor nichts Angst; wenn ihn etwas oder jemand interessierte, ging er auf sie zu, ob das nun Schülerzeitungsredakteure waren, denen er sich stundenlang widmete (und die natürlich voll begeistert waren), oder kritische Kabarettisten wie Lukas Resetarits und Werner Schneyder, die ich einmal zu einem »Gipfel« mit ihm zusammenbrachte. Auch diese blieben in ihrer Ehrfurcht verhaftet, wie das im *Kurier* auf zwei Seiten veröffentlichte Gespräch beim Wiederlesen zeigt.

Wenn er sich verstanden fühlte oder Vertrauen in den Gesprächspartner hatte, ließ er gerne zynische Bonmots vom Stapel, die auch ihre Grundierung im jüdischen Witz hatten: Wenn man ihn darauf ansprach, dass zu politischem Erfolg eben auch eine gute Portion Glück gehörte, antwortete er sarkastisch: »Was macht der Depperte mit dem Glück?« Beim Begräbnis des mit ihm verfreundfeindeten Schriftstellers Friedrich Torberg im November 1979, wo den Trauernden der Eisregen ins Gesicht klatschte, soll Kreisky gesagt haben: »Der reißt uns noch mit ins Grab …«

Heute ist es völlig undenkbar, wie die schwere Erkrankung Kreiskys in seinen späten Kanzlerjahren gehandhabt wurde. Er litt seit Langem an Diabetes und Bluthochdruck, was auf Dauer – und mit den damaligen unzureichenden Behandlungsmethoden – sich schwer schädigend auf die Nieren auswirkte. Schließlich kam es 1982 zu einem vollständigen Nierenversagen. Er musste zur Dialyse, einer »Blutwäsche«, bei der etwa alle drei Tage in einem mehrstündigen Verfahren das Blut von den Abbaustoffen gereinigt wird, die die Nieren nicht mehr ausscheiden können.

Zum »Kanzlerfest« im Schloss Altmannsdorf (inzwischen von der SPÖ verkauft) erschien Kreisky damals ganz kurz und mit violetter Gesichtsfarbe. Ein Zeichen, dass es höchste Zeit war, in die Dialyse zu fahren. Von dort rief er mich einmal an (nachdem ich in seinem Büro um Rückruf gebeten hatte) und teilte mir fröhlich mit, dass er sich hervorragend fühle. Im Hintergrund waren die Geräusche der Maschine zu hören.

In Wahrheit war die Prozedur höchst belastend und schränkte seine Bewegungsfreiheit dramatisch ein. Die Situation konnte sich auch auf den psychischen Zustand und die allgemeine Leistungsfähigkeit auswirken, was Kreiskys verhinderter »Kronprinz«, Hannes Androsch, dann nicht ganz richtig für das Zerwürfnis der beiden verantwortlich machte. Aber die Öffentlichkeit wurde lange über die Schwere der Erkrankung im Unklaren gelassen, und auch die Medien, von denen einige ja sogenannte »Medizinredaktionen« betrieben, blieben äußerst zurückhaltend und diskret. Es war wie eine große Schweigeverschwörung, um den Nimbus des »Sonnenkönigs« Kreisky nicht zu beschädigen.

1983 ging es nicht mehr. Kreisky trat zurück, hielt seine Abschiedsrede bei einem Parteitag nur noch mit äußerster Anstrengung, »verurteilte« aber seinen Nachfolger Fred Sinowatz zu einer Koalition mit der FPÖ.

Nach einer Nierentransplantation ging es wieder besser, und Kreisky empfing zahlreiche Besucher in seiner Grinzinger Villa (die inzwischen sein Freund, der Industrielle Karl Kahane, für ihn gekauft hatte) und sparte nicht an Ratschlägen für die Nachfolger. Als ich ihn einmal für eine Story zum runden Jahrestag des Abschlusses des Staatsvertrags von 1955 interviewte, ging er zu seinem imposanten Bücherregal, holte einen alten Band über das Völkerrecht hervor und zeigte mir den verblichenen Zettel, den er dort beim Kapitel über die Schweizer Neutralität eingelegt hatte. Nämlich im Vorfeld der Staatsvertragsverhandlungen. Kreisky deutete an, dass eigentlich er als Staatssekretär für Äußeres das Konzept der »Neutralität nach Schweizer Vorbild« in die Verhandlungen mit den Sowjets eingebracht hatte.

Richtig daran war, dass Kreisky innerhalb der SPÖ den Neutralitätsgedanken schon früh einbrachte, während Vizekanzler Adolf Schärf noch lange skeptisch war.

Kreisky war – nach Leopold Figl und Julius Raab – der einzige echte »Volkskanzler«. Selbstverständlich stieß er bei konservativen Bevölkerungskreisen auf – auch antisemitisch grundierte – Abneigung, aber er vermochte es, Künstler, Intellektuelle, Technokraten, die neuen Aufsteigerschichten, Wirtschaftstreibende und natürlich die traditionellen Arbeiter an sich zu binden.

Sein eher widerwilliger Nachfolger Fred Sinowatz war ein hochgebildeter, sensibler ehemaliger Unterrichtsminister. Über seine Neigung zum übermäßigen Genuss von Speis und Trank konnte er selbst distanziert-ironisch berichten. Er erzählte einmal, dass seine Gattin Hermi (eine überaus liebenswürdige und liebenswerte Dame) den Kühlschrank im Haus im burgenländischen Neufeld leergeräumt hatte, um ihn vor seinen nächtlichen Heißhungerattacken nach ausgedehnten »Sitzungen« zu bewahren. Sinowatz berichtete: »Da bin ich heimgekommen, und im Kühlschrank war nur noch Tiefkühlspinat. Da habe ich halt in so einen grünen Eisblock hineingebissen …«

Im Kofferraum seines Dienstwagens gab es immer einen oder mehrere Doppelliter. Gespräche mit Journalisten fanden manchmal so statt, dass der Chauffeur aus dem Kofferraum ausschenkte und man auf der Straße einen improvisierten Stehcocktail mit burgenländischem Wein abhielt. Als er noch Mitglied der burgenländischen Landesregierung war, hatte Sinowatz natürlich ungezählte Heurigenabende zu absolvieren. Nach einem solchen bat er den Chauffeur auf der Heimfahrt, auf der Landstraße anzuhalten – wegen eines dringenden Bedürfnisses. Die Tür des Wagens fiel ins Schloss, der Chauffeur glaubte, Sinowatz sei wieder eingestiegen, und fuhr weiter.

Erst zu Hause in Neufeld merkte er, dass hinten im Fonds niemand saß. So fuhr er zurück und traf tatsächlich auf seinen Chef, der einsam und tapfer die Allee entlangstapfte.

Bei einem Staatsbesuch in Madrid stellte sich spätabends heraus, dass die Bar nicht mehr besetzt war. Da der Kanzler aber unbedingt noch etwas trinken wollte, öffneten die begleitenden Damen die riesigen Bonbonnieren, die sie als Gastgeschenk erhalten hatten, zerbrachen die Likörbonbons und leerten sie in ein Glas für Sinowatz, der so doch noch zu seinem Schlummertrunk kam.

Diese Anekdoten täuschen darüber hinweg, dass Sinowatz ein schweres Erbe von Kreisky übernehmen musste. Nicht nur die Koalition mit der FPÖ, die einfach unnatürlich und auch politisch ohne wirkliche Agenda (außer der Mehrheitsbeschaffung) war, brach unter seiner Kanzlerschaft, sondern auch die schwere, existenzbedrohliche Krise der großen Verstaatlichten Industrie brach aus. Die stolzen Konzerne – VÖEST, Chemie Linz, Ranshofen Aluminium – waren mit Ausnahme der OMV Mitte der 1980er-Jahre pleite. Die Ursachen lagen einerseits in einer internationalen Krise, andererseits aber in der personellen Überbesetzung und parteipolitischen Gängelung der Betriebe.

Man versuchte, die Verluste durch problematische Geschäfte auszugleichen: Die VÖEST verkauften ihre erstklassigen Noricum-Kanonen an kriegsführende Parteien wie Irak und Iran im ersten Golfkrieg von 1980. Die Chemie Linz führte über ihre Tochter Intertrading katastrophale Spekulationen durch. Beides flog auf, höchstrangige Politiker waren verwickelt, VÖEST-Manager und mit der Sache befasste Diplomaten starben seltsame, vorzeitige Herztode. Das waren Skandale, die sich mit den heutigen durchaus messen konnten. Der damalige Finanzminister Ferdinand Lacina schmiss dann als Eigentümervertreter der Verstaatlichten praktisch das gesamte Management hinaus. Gemeinsam mit Oppositionsführer Alois Mock arbeitete man einen Rettungsplan für die Verstaatlichte aus – mit Zuschüssen über 100 Milliarden Schilling. Auch die bekannten Konzernbetriebe der beiden verstaatlichten Großbanken, CA und Länderbank, bekamen lebensrettende Zuschüsse.

Im Grunde war es eine Staatskrise. Sinowatz hatte auch deswegen genug und trat im Juni 1986, nach dem Wahlsieg Waldheims, zurück. Der neue Kanzler wurde Franz Vranitzky.

Kurt Waldheim – der Mann, der nur seine Pflicht getan hatte

Den letzten Anstoß für den Rücktritt von Sinowatz hatte allerdings die Wahl von Kurt Waldheim zum Bundespräsidenten im Juni 1986 gegeben. Sinowatz war zu sehr mit der »Kampeign« (Waldheims Ausdruck für die Kampagne gegen ihn) identifiziert, und er wollte auch nicht unter einem solchen Präsidenten dienen.

Kurt Waldheim war zwischen 1972 und 1981 UN-Generalsekretär gewesen. Auf dem Papier war er ein idealer Kandidat. Da erschienen plötzlich Vertreter des World Jewish Congress in Wien und bezichtigten ihn einer Verstrickung in NS-Kriegsverbrechen.

Richtig war, wie das *profil* veröffentlichte, dass Waldheim als Student Mitglied der SA-Reiterstandarte gewesen war, weil er so gerne ritt, wie er sagte. Richtig war, dass Waldheim als junger Offizier (Oberleutnant) Ordonanz des Chefs des Nachrichtendienstes Stab der Heeresgruppe E auf dem Balkan war – was er in seiner Autobiografie und auch sonst verschwiegen hatte.

Unrichtig war aber, dass er als Feldoffizier beim Krieg gegen die Partisanen in Jugoslawien Erschießungen und Zerstörungen von Dörfern angeordnet hatte. Das wurde aber in einer vom jugoslawischen Geheimdienst bald nach Kriegsende fabrizierten »Odluka« (Dossier) behauptet und geisterte dann während seines Präsidentschaftswahlkampfes herum. Über die Substanz der Anschuldigungen gleich mehr.

Die wahre Tragödie war aber, dass Waldheim nie richtig verstanden hat (verstehen wollte), was man ihm vorwarf. Entscheidend war, was Waldheim nach Bekanntwerden im Wahlkampf 1986 dazu sagte:»Ich habe im Krieg nichts anderes getan als hunderttausende Österreicher auch, nämlich meine Pflicht als Soldat erfüllt.«

Das war für einen künftigen Bundespräsidenten eines demokratischen Staates, der sich als »Antithese zum nationalsozialistischen Staat« verstand (wie Kanzler Franz Vranitzky später erklärte), in mehrfacher Hinsicht katastrophal: Der Krieg Hitlers war ein Vernichtungskrieg zur Versklavung und Ausrottung ganzer Völkerschaften, insbesondere in Russland und auf dem Balkan, wo Waldheim gedient hatte.

Die deutsche Wehrmacht war entgegen der Propaganda, sie sei »sauber« geblieben, in zahlreiche Kriegsverbrechen und Gräueltaten verwickelt, ganz besonders auf dem Balkan. »Österreicher« gab es damals nicht, denn das Land war 1938 als »Ostmark« in das Deutsche Reich eingegliedert worden, teils unter dem Druck militärischer Gewalt, teils mit der Zustimmung beträchtlicher Bevölkerungskreise. Wer sich als »Österreicher« fühlte, also als Bürger eines unabhängigen Staates, konnte unmöglich ein »Pflichtgefühl« gegenüber einem gewaltsamen Aggressor und einer mörderischen Diktatur wie dem Dritten Reich empfinden. Schon gar nicht als Soldat, denn die Natur des Vernichtungskriegs war gerade vielen Soldaten an der Front oder auch im Besatzungsgebiet eindringlich vor Augen geführt worden. Auch ihm in seiner Eigenschaft als Offizier im Generalstab der Heeresgruppe E auf dem Balkan.

Für das künftige Staatsoberhaupt Österreichs war also dieses »Pflicht getan« ein schrecklicher, auch schrecklich dummer Satz. Es war aber der Ausgangspunkt für eine tiefgehende, erregte gesellschaftliche Debatte in Österreich über unsere Rolle vor, im und nach dem Nationalsozialismus. Die »Waldheim-Affäre« Mitte der 1980er-Jahre bedeutete wütende Auseinandersetzungen, meist zwischen Angehörigen der »Kriegsgeneration« und jüngeren, kritischeren Geistern. Zornige Debatten zwischen Parteien, vor allem der ÖVP, die Waldheim als Kandidaten aufgestellt hatte, und der SPÖ, die ihn mit bis heute nicht ganz geklärten Methoden zu verhindern suchte (der enge Berater und Kabinettschef des damaligen Bundeskanzlers Fred Sinowatz, der etwas rasputinhafte Hans Pusch, sagte einmal in privatem Kreis, man habe mit Informationen über Waldheims »Kriegsvergangenheit« die ÖVP zu einem Rückzug seiner Kandidatur veranlassen wollen).

Es war eine äußerst intensive, aufwühlende Debatte. Als ich damals im *Kurier* kritische Kommentare über eben diesen »Pflicht-getan«-Sager schrieb, kam das Telefon nicht zur Ruhe. Es langten unter anderem auch Hunderte Leserbriefe ein, mit vollem Namen und Adresse, die sich in antisemitischen Ausfällen ergingen. Denn die Vorwürfe kamen von Vertretern des World Jewish Congress, einem der beiden großen jüdischen Interessenverbände.

Viele der Anrufer aus der »Kriegsgeneration« durchliefen bei ihren Äußerungen drei typische Phasen. Erste Phase: wütendes Leugnen, dass die deutsche Wehrmacht irgendwelche Verbrechen begangen hätte; das sei die SS gewesen. Und außerdem: Wenn Zivilisten erschossen wurden, dann seien das ja Partisanen gewesen. Zweite Phase: Ja, vielleicht seien unglückliche Vorfälle passiert, aber das sei eben der Krieg, und die Gegner (Russen, jugoslawische, griechische Partisanen) seien auch keine harmlosen Menschen gewesen.

Und außerdem hätten junge Journalisten sowieso keine Ahnung, wie das gewesen sei. Dritte Phase: Überwältigung durch die eigene Erinnerung. Manche Anrufer brachen regelrecht zusammen, einer weinte am Telefon. Manche drangen am Portier des *Kurier*-Hauses vorbei bis zu meinem Büro vor. Der Druck durch die Traumatisierung war wohl so groß, dass er auf diese Weise ein Ventil suchte.

Waldheim hatte das Verdrängte an die Oberfläche gebracht. Er hatte damit aber auch unwillentlich zu einer Art Katharsis (Klärung, Reinigung) in der österreichischen Debatte über die NS-Vergangenheit beigetragen. Was Kurt Waldheim aber eigentlich gemeint hatte, war eine Art Rechtfertigung – er hätte ja unter den gegebenen Umständen nicht anders handeln können. Verweigerung oder gar Widerstand wäre vom Regime mit schwersten Strafen geahndet worden. Da hatte er natürlich recht, und Hunderttausende Österreicher der »Kriegsgeneration« konnten das auch nachvollziehen – was dazu führte, dass er »jetzt erst recht« mit 53,9 Prozent zum Präsidenten gewählt wurde.

Das nützte ihm aber international überhaupt nichts, denn insbesondere die USA, aber auch das gesamte westliche Ausland verhängten eine Kontaktsperre gegenüber dem österreichischen Bundespräsidenten. Er konnte eine der wichtigsten Funktionen des Staatsoberhaupts – Staatsbesuche zur Pflege der zwischenstaatlichen Kontakte – nicht wahrnehmen. Er blieb bis auf wenige Ausnahmen international isoliert.

Die zahlreichen Hintergrundgespräche mit Waldheim, einzeln und in ganzen Journalistenrunden, während des Wahlkampfes und auch nach seiner Wahl verliefen immer nach demselben Muster: Er sah sich – und Österreich – als unschuldiges Opfer, die Abneigung gegen ihn stammte aus seiner Zeit als UN-Generalsekretär, wo er zum Missfallen der USA eine »korrekte« Haltung gegenüber der Sowjetunion, aber

mehr noch gegenüber den Staaten der Dritten Welt einge-
nommen habe. Vor allem sei ihm die Tatsache, dass er 1974 den
Auftritt des PLO-Führers Jassir Arafat vor der UN-General-
versammlung ermöglichte (nachdem er vorher seine Pistole
im Büro deponiert hatte), von »jüdischen Kreisen« in den
USA übelgenommen worden. »Schauen Sie«, sagte er einmal
bei einem solchen Gespräch, »wenn man den Masthead (das
Impressum) der *New York Times* ansieht, dann sind das lauter
jüdische Namen«. Auf die entsetzten Blicke seiner Berater
und Pressesprecher, allesamt anständige, weltoffene Leute,
korrigierte er sich rasch: Er sei natürlich kein Antisemit, aber
jüdische, zionistische Interessen hätten eben großen Einfluss,
besonders in den USA, und Österreichern wie ihm werde
eben vorgeworfen, sie hätten sich – im Unterschied zu
Deutschland – aus der Verantwortung für die Verbrechen
des Nationalsozialismus geschlichen und auf die »Opferthese«
(Österreich als erstes Opfer Hitlers) berufen.

Aber das stimmte ja auch. Die »Opferthese« war lange
Zeit die offizielle Rechtfertigung der Republik Österreich,
wobei man sich auf die »Moskauer Deklaration« von 1943
bezog, in der die Außenminister der USA, Großbritanniens
und der Sowjetunion erklärt hatten, man wolle Österreich
als Staat wiederherstellen – Österreich, »das erste freie Land,
das der typischen Angriffspolitik Hitlers zum Opfer fallen
sollte«. Was dabei immer unter den Tisch fiel, war der nächste
Absatz: »Österreich wird aber auch daran erinnert, dass es
für die Teilnahme am Kriege an der Seite Hitler-Deutschlands
eine Verantwortung trägt, der es nicht entrinnen kann, und
dass anlässlich der endgültigen Abrechnung Bedachtnahme
darauf, wie viel es selbst zu seiner Befreiung beigetragen
haben wird, unvermeidlich sein wird.« Was war nun die
Substanz der Vorwürfe? Es gibt keinerlei valide Hinweise
oder Beweise, dass Waldheim direkt – mit Befehlen – an

Kriegsverbrechen beteiligt war. Aber er wusste davon, und zwar in einem für einen Oberleutnant ungewöhnlichen Ausmaß. Kurt Waldheim war von 1942 an im Generalstab der Heeresgruppe E, die unter dem altösterreichischen General Alexander Löhr den ganzen Balkan inklusive Griechenland besetzte. Das Hauptquartier war zunächst in Griechenland, dann im heutigen Kroatien. Waldheim war sozusagen Assistent des Abwehr-(Geheimdienst-)Offiziers im Stab. Das bedeutet, dass über seinen Schreibtisch sämtliche Meldungen über die »Feindlage«, aber auch über Deportationen und »Bandenbekämpfung« (Erschießungen von Zivilisten im Zuge von Partisanenbekämpfung) gingen. Waldheim erstattete auch bei den Besprechungen im Generalstab »Lagevortrag«, das heißt er berichtete genau über alle möglichen Aktionen, auch kriegsverbrecherische.

Es ist unklar, ob er von der Deportation der großen jüdischen Gemeinde von Saloniki wusste. Er sagte, das Hauptquartier sei damals außerhalb der Stadt gelegen, er habe nichts mitbekommen. Dass er den Abtransport von 45 000 Menschen nicht bemerkt haben soll, ist unwahrscheinlich.

Waldheim war also mit größter Wahrscheinlichkeit kein Täter, aber bestens informierter Mitwisser. Er wusste, dass ihm dieser Sachverhalt bei seiner internationalen Karriere schaden konnte, zumal sein Chef, General Löhr, von den Jugoslawen nach dem Krieg als Kriegsverbrecher hingerichtet wurde. Er unterschlug daher in all seinen Resümees und in seiner Biografie *(Im Glaspalast der Weltpolitik)* die Zeit auf dem Balkan komplett. Er erweckte den Eindruck, er sei nach seiner Verwundung in Russland 1941 und nach seiner Genesung im Inland stationiert gewesen.

Mit ihm über diese Verfälschung zu reden, war so gut wie unmöglich. Er gebrauchte Ausflüchte – die Zeit im Stab sei nicht so wichtig gewesen, er habe halt seine Berichte verfasst – und betonte immer wieder, er habe sich nichts zuschulden kommen lassen. Strafrechtlich stimmte das, moralisch und im Sinne einer politischen Verantwortung keinesfalls. Er wollte nicht einsehen, dass ein österreichischer Bundespräsident nicht seine Kriegsvergangenheit einerseits als »Pflichterfüllung« verharmlosen, andererseits Teile davon verschleiern konnte. Wobei für den traditionellen, konservativen Österreicher Waldheim der Begriff »Pflicht« durchaus Bestandteil der eigenen Lebensanschauung war. Man tat eben seine »Pflicht«, wo immer man hingestellt wurde.

Die ständigen öffentlichen Rechtfertigungen gingen allmählich auch den Österreichern, die mit ihm sympathisierten, auf die Nerven. Ein kurzfristiger Erfolg war die Reise zum irakischen Diktator Saddam Hussein 1990, der bei seinem Überfall auf Kuwait gleich auch ein paar Tausend Ausländer inklusive 100 Österreicher als »Gäste« (Geiseln) genommen hatte. Waldheims Aktion (eine Anregung des damaligen *Krone*-Chefs Hans Dichand) konnte die Österreicher befreien. Eher eine diplomatische Pleite war dann einige Monate später Waldheims Tour als selbsternannter Friedensvermittler durch einige arabische Staaten, um vor dem bevorstehenden Angriff der westlichen Allianz zur Befreiung von Kuwait irgendeine »Friedenslösung« auszuhandeln. Das konnte nichts werden, und als Waldheim versuchte, am Flughafen von Amman, Jordanien, Saddam Hussein ans Telefon zu bekommen, meldete sich nur der Außenminister Tariq Aziz, der mitteilte, der Präsident gehe nicht ans (Funk-)Telefon, weil er fürchte, damit den Amerikanern einen Hinweis auf seinen Aufenthaltsort zu geben. Gegen Ende seiner Amtszeit beschloss die ÖVP, Waldheim nahezulegen, nicht noch einmal zu kandidieren.

Franz Vranitzky – der Kanzler der großen Krisen, der »Technokrat« mit moralischem Gewissen

Während der Amtszeit Waldheims hatte Bundeskanzler Franz Vranitzky einen Großteil der Repräsentanz nach außen übernommen. Sein Aufstieg zum Kanzler hing übrigens eng mit Waldheim zusammen. Nach der Wahl Waldheims im Juni 1986 trat nämlich Bundeskanzler Fred Sinowatz zurück. Er war ohnehin eher widerstrebend von Bruno Kreisky in dieses Amt gedrängt worden, außerdem hatte er einen Prozess verloren, in dem es darum ging, dass er im Kreise der burgenländischen SPÖ angekündigt habe, man werde die »braunen Flecken« Waldheims noch vor der Wahl aufdecken.

Nachfolger wurde der für damalige politische Verhältnisse junge (damals 49-jährige) Finanzminister Franz Vranitzky. Der beendete gleich die Koalition mit der FPÖ unter dem neuen Chef Jörg Haider, was Neuwahlen bedeutete. Bei einem Betriebsbesuch in der *Kurier*-Druckerei (wo Vranitzky über die hohen Gehälter im Druckereiwesen staunte) und einem Abendessen im Hause des damaligen *Kurier*-Herausgebers Ernst Gideon Loudon (sein Vorfahr war Feldherr unter Kaiserin Maria Theresia gewesen) ließ Vranitzky keinen Zweifel, dass er eine neue Große Koalition mit der ÖVP anstrebte.

Vranitzky war als Wirtschaftsexperte (auch im Stab von Hannes Androsch) und Banker (er war Direktor der österreichischen Länderbank, die später in der Bank Austria aufging) ein Pragmatiker, hatte aber gleichzeitig sehr ausgeprägte Grundsätze, was Österreichs Verhältnis zum Nationalsozialismus und bestimmte fortgesetzte NS-Nostalgien im heutigen Österreich betraf. Das hing einerseits mit seiner Herkunft aus dem Wiener Arbeitermilieu zusammen (sein Vater war aus Enttäuschung über das Versagen der Sozialdemokratie im Kampf gegen den Faschismus zu den Kommunisten gegangen);

aber mehr noch mit seinem tiefen Interesse für Geschichte und seiner entsprechenden Belesenheit. Er war der tiefen Überzeugung, dass das größte Unheil der österreichischen Geschichte aus einer Neigung zu autoritären, »rechten« Ideologien und Persönlichkeiten resultiert war.

Er erzählte, dass Haider nach seinem »Putsch« beim Innsbrucker Parteitag ihn angerufen und gesagt habe: »Na, was wird aus uns beiden? Wir sind zwei junge, dynamische Politiker, machen wir doch weiter gemeinsam Koalition«. Vranitzky antwortete: »Aus uns wird nix. Ich kündige die Koalition auf.«

Der groß gewachsene, stets korrekt und gut angezogene Vranitzky (manche nannten ihn abfällig »Nadelstreif-Sozialist«) kam im Wahlkampf gut an. Der Durchbruch erfolgte bei einem legendären TV-Duell mit dem damaligen ÖVP-Chef Alois Mock, dessen Parkinsonerkrankung erstmals stärker merkbar wurde, auch weil man ihn viel zu sehr geschminkt hatte, um den maskenhaften Gesichtsausdruck zu übertünchen.

Vranitzky erreichte bei der Wahl 43,1 Prozent, ein Minus von rund fünf Prozent gegenüber der letzten Kreisky-Wahl, aber angesichts der Lage der Partei mehr als ein Achtungserfolg. Die Mock-ÖVP folgte dichtauf mit 41,3 Prozent – beides Werte, die sich heute fast astronomisch ausnehmen. Haider verdoppelte auf 9,7 Prozent, ein Vorgeschmack künftiger Erfolge. Damit war aber Mocks heimlicher Traum, eine ÖVP-FPÖ-Koalition, um die lange Vorherrschaft der SPÖ zu brechen, zunächst einmal ausgeträumt. In den folgenden Koalitionsverhandlungen gestand Vranitzky – sehr zum Zorn Bruno Kreiskys – der ÖVP und damit Alois Mock den Außenminister zu.

Aber Vranitzky hatte eben einen großen Teil der Außenpolitik selbst übernommen. Er war ein »Atlantiker«, er glaubte fest an die Bindung Europas an die große Demokratie- und Wirtschaftsmacht USA. 1987 reiste er zum damaligen Präsidenten Ronald Reagan – mit dem ihn ideologisch herzlich wenig verband –, weil Bundespräsident Waldheim von den Amerikanern auf die *watchlist* gesetzt worden war und nicht mehr in die USA einreisen durfte. Reagan zitierte diesmal nicht das Lied »Edelweiss« aus dem Hollywoodfilm *Sound of Music,* wie er es drei Jahre zuvor beim Staatsbesuch von Präsident Rudolf Kirchschläger gemacht hatte. Er beeindruckte Vranitzky und seine Entourage aber damit, dass er ungeniert seine *talking points* über Österreich von seinen Spickzetteln abnahm. Und mit seinem großen Thema »Reich des Bösen«, nämlich der Sowjetunion, die er damals mit seinem *Star-Wars*-Rüstungsprogramm erfolgreich in ein Wettrüsten und den finanziellen Ruin trieb.

Waldheim machte Vranitzky damals den Vorwurf, ihn nicht von der *watchlist* geholt zu haben (ein wenig erfolgversprechendes Unterfangen). Als dann die Regierung Vranitzky eine Historikerkommission zur Überprüfung der Vorwürfe einsetzte, dachte Waldheim kurz daran, den Bundeskanzler zu entlassen (was er gekonnt hätte), besann sich aber eines Besseren. Die Kommission kam übrigens zu dem richtigen Schluss: Waldheim habe keine Kriegsverbrechen begangen, aber von ihnen gewusst.

Inzwischen steuerte Österreich aber auf viel wichtigere Entscheidungen zu. Allmählich wurde der Beitritt zur EU angegangen, und Vranitzky hatte seine mehr als skeptische Partei zu überzeugen. Aber auch manche europäischen Partner. Er erzählte gern, wie nach einem offiziellen Gespräch mit dem französischen Präsidenten François Mitterrand dieser so nebenbei sagte: »Na ja, mit eurem EU-Beitritt wird halt ein dritter deutscher Staat Mitglied der Gemeinschaft ...«

Damals existierte die DDR noch, daher »dritter deutscher Staat« (was auf beträchtliche historische Ressentiments von Mitterrand schließen lässt). Aber der Ostblock brach innerhalb von wenigen Monaten zusammen, und die Folgen mussten irgendwie gemanagt werden. Im selben Sommer 1989 hielt übrigens der kommunistische Präsident und serbische Nationalist Slobodan Milošević vor rund einer Million Anhängern eine Rede auf dem historischen Amselfeld im Kosovo, dem Schauplatz einer mittelalterlichen Entscheidungsschlacht gegen die Osmanen. Milošević drohte den Kosovo-Albanern und implizit auch den anderen jugoslawischen Völkern, die sich der serbischen Hegemonie nicht beugen wollten. Da kündigte sich schon der spätere gewaltsame Zerfall Jugoslawiens an.

Vranitzky wollte – eine seiner wenigen außenpolitischen Fehleinschätzungen – aber weiter an die Chance auf eine Einheit des Landes glauben und versuchte, einen Milliarden-Dollar-Kredit zu organisieren. Alois Mock war da schon weiter und unterstützte offen die Unabhängigkeitsbestrebungen von Kroatien und Slowenien. Als ich 1990 gemeinsam mit Erhard Busek eine Informationsreise nach Slowenien unternahm, staunten wir über den absoluten Willen zur Unabhängigkeit quer durch alle Schichten. »Wir haben es satt, dass die Serben mit unseren Exporterlösen das Militär und die Polizei finanzieren, um die anderen zu unterdrücken«, lautete ein harter Spruch.

Neben dem EU-Beitritt – ausführlicher behandelt im Kapitel »Gehört Österreich zum Westen?« – und der jugoslawischen Krise hatte Vranitzky drei große innenpolitische Themen zu bewältigen: die Folgen der Beinahepleite der verstaatlichten Industrie, die Skandale innerhalb der eigenen Partei und den Aufstieg des Rechtspopulismus mit Jörg Haider. Alle drei waren miteinander innerlich verflochten.

Der nur mit Mühe und Milliardensubventionen abgewendete Crash der Grundindustrie des Landes führte zu einer Teilprivatisierung, und die wieder zu Kürzungen der Belegschaft und entsprechendem Unwillen der Arbeiterschaft. Dazu kamen

»Bonzen-Skandale« in der SPÖ, die weitere Arbeiter zur FPÖ trieben. Außerdem waren höchste Funktionäre wie Ex-Kanzler Fred Sinowatz, Ex-Innenminister Karl Blecha und Ex-Außenminister Leopold Gratz in glamouröse Affären wie »Lucona« und »Noricum« verwickelt. Vranitzky unternahm nichts, um die justizielle Aufarbeitung der Skandale zu behindern, auch im jahrelangen Steuerfall seines ehemaligen Chefs Hannes Androsch griff er nicht ein, was zu einem dauernden Zerwürfnis führte.

Auch Franz Vranitzky, der bei seiner letzten Wahl 1995 aus heutiger Sicht noch sensationelle 38,1 Prozent erreichte, konnte die Abwanderung großer Teile der Arbeiterschaft zur FPÖ nicht verhindern. Die Sparmaßnahmen bei der Verstaatlichten, die Zuwanderung (vor allem durch den Bosnienkrieg 1991, als rund 100 000 Flüchtlinge nach Österreich kamen) und das »Bonzenwesen« in SPÖ und Gewerkschaften wirkten sich aus. Wahrscheinlich auch die »Ausgrenzung« (er sprach lieber von »Abgrenzung«) gegenüber Jörg Haider, dessen politisches Abenteurertum und dessen Kokettieren mit NS-Inhalten Vranitzky zutiefst zuwider waren.

Heute sind die »Baraber«, die Schwerarbeiter mit geringer Ausbildung, auf denen der Aufstieg der (Wiener) Sozialdemokratie beruht (die »Ziegelböhm« um 1900), großteils durch Zuwanderer ersetzt, die zum Teil nicht wählen dürfen, weil sie (noch?) keine Staatsbürger sind.

Wer sich in seinem eigenen Umfeld umsieht, der muss sich fragen: Wer sitzt an der Kassa im Supermarkt, wem gehört das Obst- und Gemüsegeschäft, wer fährt mein Taxi, wer ändert meine Kleidung, wer ist mein Installateur, Elektriker, Automechaniker, wer baut Straßen und Wohnungen, wer ist Pfleger im Spital? Alles Zuwanderer, teils schon in dritter Generation, bei den niedrig qualifizierten Arbeiten wie Botendiensten in erster Generation oft Asylwerber.

Die traditionelle »autochthone« (Fach-)Arbeiterschaft ist noch da, wählt aber inzwischen großteils FPÖ (die Partei mit dem höchsten Arbeiteranteil – 38 Prozent), natürlich auch aus Verbitterung über »die Ausländer«. Wenn es der Sozialdemokratie nicht gelingt, genügend Zuwanderer einzubürgern, damit sie wählen können, wird ihr die Rückholung der Arbeiter verwehrt bleiben.

Vranitzky war auch der letzte sozialdemokratische Spitzenpolitiker, der sich – wie Kreisky – um die Einbindung von Künstlern und Intellektuellen kümmerte. An einem Abend mit dem Wiener Aktionisten Hermann Nitsch in dessen Schloss Prinzendorf im Weinviertel, dem damals noch der Ruf eines grauslichen »Blutschütters« voranging, hörte sich der Kanzler geduldig die Klage über die tatsächliche Verfolgung der Avantgardisten durch den Staat Österreich an. Durch seinen Unterrichtsminister Rudolf Scholten unterstützte Vranitzky eine breite Palette von Schriftstellern, bildenden Künstlern, Theaterleuten usw. Sein Nachfolger Viktor Klima versuchte eine Zeit lang Ähnliches, verwechselte allerdings bei einer Künstlerehrung den Kärntner Künstler Bruno Gironcoli mit dem optisch entfernt ähnlichen Hollywoodschauspieler Leon Askin. Spätere Kanzler – von Werner Faymann bis Sebastian Kurz – hatten mit Literatur und Kunst sehr wenig im Sinn, und den formell im Kanzleramt für Kunst und Kultur zuständigen Gernot Blümel hat man überhaupt kaum jemals im Theater gesehen.

Alles zusammengenommen, hatte der angebliche Technokrat Vranitzky während seiner über zehnjährigen Amtszeit drei entscheidende Weichenstellungen in der österreichischen Politik vollzogen: die »Sanierung« der Skandale der machtverlotterten SPÖ der letzten Jahre; das Management der epochalen »Zeitenwende« mit dem Zusammenbruch des kommunistischen Ostblocks in unmittelbarer Nähe; den unbedingt notwendigen

Beitritt zur EU, der – nach einem Wort von Erhard Busek – Österreich vom Rand des freien Europas in das Zentrum rückte – und die erste wirklich ehrliche Auseinandersetzung mit der Rolle der Österreicher im Dritten Reich durch einen Bundeskanzler.

Bisher hatte das offizielle Gedenkritual in einem etwas formelhaften »Nie wieder« bestanden, und im Hintergrund wurde immer die »Theorie des ersten Opfers« ins Spiel gebracht. Nun hielt Vranitzky am 8. Juli 1991 eine Rede vor dem Nationalrat, die erstmals Klartext beinhaltete: »Es gibt eine Mitverantwortung für das Leid, das zwar nicht Österreich als Staat, wohl aber Bürger dieses Landes über andere Menschen und Völker gebracht haben ... Wir bekennen uns zu allen Taten unserer Geschichte und zu den Taten aller Teile unseres Volkes, zu den guten wie zu den bösen; und so wie wir die guten für uns in Anspruch nehmen, haben wir uns für die bösen zu entschuldigen – bei den Überlebenden und bei den Nachkommen der Toten.«

Eine solche Rede hat übrigens einer der bedeutendsten Kanzler Österreichs, Bruno Kreisky, nie zustande gebracht.

Alois Mock – nie Kanzler, aber trotzdem Weichensteller

Managua ist die Hauptstadt der mittelamerikanischen Republik Nicaragua. In den 1980er-Jahren war Managua weitgehend ein Trümmerfeld nach einem verheerenden Erdbeben. Von den wenigen großen Gebäuden, die noch einigermaßen unversehrt standen, stach das weiße Innenministerium hervor, mit einem riesigen Banner: »Die sandinistische Polizei ist der Wächter der Freude des Volkes«. Wie erfreulich. Die damals und heute herrschenden Sandinisten waren ursprünglich eine linksrevolutionäre Gruppierung mit engen Verbindungen zu

Fidel Castros Kuba. Sie hatten die rechte Somoza-Diktatur verjagt und errichteten nun eine linke, etwas weniger brutale, dafür aber umso durchorganisiertere autoritäre Herrschaft. Die sandinistische Polizei wachte eben darüber, dass die Freude des Volkes die richtigen Themen betraf.

Wir waren in Mittelamerika im Rahmen einer Tour der »Europäischen Demokratischen Union«, der Dachorganisation der europäischen christdemokratischen Parteien. Mock war damals Präsident der EDU, Andreas Khol ihr Generalsekretär. Mock hatte sich für das Treffen mit den Sandinisten (die ihren Namen von einem legendären Freiheitshelden bezogen) entsprechend hergerichtet: in einem kleidsamen Safarianzug (es hatte ungefähr 35 Grad und hohe Luftfeuchtigkeit). Andreas Khol wollte seine Distanz gegenüber den mittelamerikanischen »linken Gfriesern« zeigen, indem er einen stahlblauen Sommeranzug mit Krawatte trug. Der Hemdkragen mit einer der damals beliebten goldenen Nadeln fixiert.

Es ging bei der ganzen Reise, die auch nach Kolumbien, Costa Rica, Panama und El Salvador führte, darum, was aus dem von Revolutionen und rechtsgerichteten Konterrevolutionen gekennzeichneten Mittelamerika würde. Die Europäer dachten, sie hätten da neben den Amerikanern eine Rolle, was sich als Irrtum herausstellte. Man wollte ein Übergreifen der kubanischen Revolution auf Mittelamerika verhindern, die inzwischen ohnehin nicht eingetreten ist. Mittelamerika ist in relative Bedeutungslosigkeit zurückgesunken.

Der sandinistische Vizeaußenminister Victor Hugo Tinoco eröffnete jedenfalls die Diskussion mit einer linksrevolutionären Rhetorik, die es in sich hatte. Alois Mock antwortete tapfer mit den Vorzügen der Demokratie und der sozialen Marktwirtschaft. Tinoco legte mit einigen »capitalismo« und »imperialismo« nach, bis plötzlich der Übersetzer, ein Herr von der CSU-nahen Hanns-Seidel-Stiftung, aufsprang und in reinstem

Bayrisch erklärte, er höre sich diesen »kommunistischen Schmarrn« nicht länger an, und hinausstürmte. Was tun? Zum Glück war Christian Schüller mit, ein ORF-Korrespondent mit Spanischkenntnissen, der weiter dolmetschte.

Heute herrscht in Nicaragua noch immer der Sandinist Daniel Ortega als Diktator mit harter Hand. Tinoco überwarf sich mit ihm und wurde 2022 zu 13 Jahren Kerker verurteilt. Die Revolution frisst ihre Kinder.

Alois Mock reiste dann weiter zu einem Termin mit Ronald Reagan, dem »konservativen Revolutionär«, ehe er, wieder zurück in Österreich, eine konservative »Wende« in der heimischen Politik versuchte. Die Aussichten dafür waren nach 13 Jahren Kreisky und drei Jahren SPÖ/FPÖ-Misere nicht so schlecht. Die Stärken von Mock – Verlässlichkeit, immenser Fleiß, internationaler Ausblick – hätten im Verbund mit einer gewissen Wendestimmung im Land schon zur Kanzlerschaft führen können.

Sein Unglück war es aber, dass einerseits die SPÖ nach dem Rücktritt von Sinowatz einen attraktiven Spitzenmann, eben Franz Vranitzky, aufgestellt hatte, andererseits seine Parkinsonerkrankung immer deutlicher durchbrach. Auch hier wurde um die sichtbaren Erscheinungen – ruckartige Bewegungen, maskenhafte Gesichtsstarre, undeutliche Aussprache – lange von der ÖVP eine Vernebelungspolitik betrieben. Sein katastrophales Auftreten in einem Wahl-TV-Duell mit Vranitzky wurde damit erklärt, er sei vorher »zu lange in der Sauna« gewesen usw. In dieser Diskussion hat Mock die Chance auf die Kanzlerschaft endgültig verspielt.

Danach trat er pflichtbewusst in die Koalition mit der SPÖ als Außenminister ein und erledigte weiter sein ungeheures Pensum. Es war manchmal qualvoll, mit ihm zusammenzusitzen und sich seine blitzgescheiten Analysen über die Weltlage anzuhören und zu merken, wie schwer er sich rein physisch inzwischen tat. Mock war ein Anhänger der britischen Konservativen Margaret Thatcher, obwohl er ihre EU-Skepsis keineswegs teilte. Er fand aber ihre Privatisierungen, auch die von Sozialwohnungen und essenziellen Dienstleistungen wie Eisenbahn et cetera, gut, was sich heute als eher problematisch herausgestellt hat.

Alois Mock, der begabte akademische Aufsteiger aus dem niederösterreichischen Euratsfeld mit seinen Studien am Bologna Center der Johns Hopkins University und an der Université libre de Bruxelles, der fließend Englisch und Französisch sprach, verfolgte eine Philosophie der Leistung des Einzelnen. Er war der klassische Mittelstandspolitiker: Strebsam sein. Chancen wahrnehmen, sich hochboxen. Solidarität ja, aber keine »Gleichmacherei«. Meilenweit entfernt vom Glücksrittertum, das später unter Sebastian Kurz herrschte.

Zum Glück gab es da ein Auf und Ab in seinem Krankheitsverlauf. In den entscheidenden Tagen, als es 1988 darum ging, die Sowjetunion zur Zustimmung zum EU-Beitritt zu bewegen, konnten wir miterleben, wie ein fitter Mock dem sowjetischen Außenminister Eduard Schewardnadse versicherte, die Neutralität werde nicht angetastet, bis dieser sagte: »Gut, ich bin mit Ihren Erklärungen zufrieden.« Mocks große Leistung war selbstverständlich die Vorbereitung und die Durchführung des EU-Beitritts (gemeinsam mit Vranitzky) – siehe dazu ausführlicher das Kapitel »Gehören wir zum Westen?«. Das sollte Leistung genug sein, auch wenn ihm die Kanzlerschaft letztlich verwehrt blieb.

Thomas Klestil – Macht braucht Kontrolle, aber Kontrolle braucht auch Macht

Einer der engsten Mitarbeiter von Mock war im Außenministerium der Diplomat Thomas Klestil, zuletzt als Generalsekretär. Vorgeschlagen für die Kandidatur hatte ihn allerdings der damalige liberale ÖVP-Chef Erhard Busek. Bundespräsident Thomas Klestil (1992–2004) war ein Glücksfall für die Republik. Nach den Waldheimjahren, in denen Österreich auf der internationalen *shitlist* stand (mit wenigen Ausnahmen), kam da ein jüngerer, aufgeschlossener Diplomat – kein Hofrat Hinsichtl-Rücksichtl, sondern jemand, der etwas wollte. Er war seit seinen Jahren als Konsul in Los Angeles und als Botschafter in Washington sehr gut vernetzt in der US-amerikanischen Politikwelt, egal ob Republikaner oder Demokraten. Er hatte null Sympathien für den Rechtspopulismus eines Jörg Haider, auch weil er wusste, dass Österreich nach den NS-Verstrickungen rund um Waldheim unter Beobachtung stand. Er wollte wieder ein »aktiver Präsident« sein und war es auch. Schon in seinem ersten Amtsjahr unternahm er 19 Auslandsreisen – er setzte Österreich wieder auf die Landkarte.

Aber Klestil hat zu seinem Nachteil auch versucht, über die tatsächlichen und eingebürgerten Befugnisse des Bundespräsidenten hinaus eine größere exekutive Rolle zu spielen. Er wollte eine Art Kanzler-Präsident sein und benutzte den EU-Beitritt, der unter seiner Präsidentschaft stattfand, als Vehikel für eine größere Rolle im politischen Geschehen. Das musste schiefgehen.

Dazu kam, dass sich der 1932 geborene Klestil privat nicht als abgeklärter Staatsopa verstand, sondern neben seiner Ehe ein Verhältnis mit einer klugen und attraktiven Diplomatin unterhielt. Das war absolut unüblich und konnte nicht lange unbeobachtet bleiben. Ehestreits – zum Beispiel, mit wem er das Neujahrskonzert der Philharmoniker besuchen wollte – fanden ihren Weg nach draußen. Klestil entschloss sich dann, an die Öffentlichkeit zu gehen und eine Reihe von bekannteren Journalisten in Einzelgesprächen einen nach dem anderen zu Hintergrundgesprächen zu empfangen (an einem einzigen Tag). In fast peinlicher Offenheit schilderte er da die Beschwernisse seiner Ehe, und so mancher Journalistenkollege ging kopfschüttelnd weg. Das fand auch seinen Niederschlag bei einer Auslandsreise. Im November 1994 reiste Klestil zu einem Staatsbesuch in den Vatikan zum polnischen Papst Johannes Paul II. Das Treffen hatte unterschwellig wohl auch damit zu tun, dass gerade Klestils Trennung von seiner Frau und seine Affäre mit der Diplomatin Margot Löffler die Schlagzeilen beherrschten. Wollte sich Klestil im Vatikan eine Absolution holen? Jedenfalls sprach der Papst in seiner Ansprache an den österreichischen Besucher in der Bibliothek des apostolischen Palastes ziemlich viel über den »Wert der Familie«.

Während des Austausches war plötzlich von draußen ein ziemlicher Tumult zu hören. Die Tür flog auf, und herein stürzte der bekannte Investigativjournalist Alfred Worm, damals beim Magazin *News*, mit den Worten: »Das ist ein Skandal, die kritischen Magazine werden ausgesperrt!« Der Vatikan hatte nämlich die Zahl der Journalisten im Saal beschränkt, und ausgerechnet Worm, der als Vertrauter von Klestil galt, wurde draußen gelassen. Ein Monsignore besänftigte den erbosten Worm mit einem Kruzifix aus der Hand eines polnischen Künstlers, und das Gespräch konnte weitergehen. Am Abend fand ein Empfang in der österreichischen Botschaft beim Vatikan statt. Der Präsident nutzte die Gelegenheit, um weiter besänftigend auf Worm einzuwirken. Während die beiden miteinander sprachen, fragte mich eine Dame, ob ich sie dem Präsidenten vorstellen könne. Ich ließ mir ihre Funktion

im Vatikan erklären und stellte sie Klestil vor mit den Worten:
»Herr Bundespräsident, das ist Frau Professor W., sie ist beim
vatikanischen Gerichtshof Sacra Rota Romana zuständig für
die Annullierung von Ehen ...« Der entgeisterte Klestil war
nur schwer zu überzeugen, dass ich ihm nicht absichtlich
und boshafterweise eine Expertin für die einzige Möglichkeit
einer Eheauflösung unter Katholiken, nämlich die formelle
Annullierung, unterschoben hatte. Tatsächlich hatte die österreichische Professorin in Rom ein grundlegendes Werk über
die Annullierung geschrieben und hatte mir auch erklärt, was
Gründe für eine kirchliche Annullierung wären: Impotenz
oder wenn ein Partner ausdrücklich keine Kinder will, aber
auch wenn ein Partner noch vor dem Traualtar eine innere
Reservation hat ...

Klestil schadete mit seiner Ehegeschichte seinem Image
in bürgerlichen Kreisen. Das wirkte sich subtil auch auf seine
politische Wirksamkeit aus, und die hatte durchaus Potenzial.
Er war kein typischer provinzieller ÖVPler mit einer Phobie
gegen »die Roten« oder gar gegen die »Ostküste«, sondern ein
aufgeklärter Konservativer. Das Liebäugeln mancher ÖVPler
mit dem Deutschnationalismus der FPÖ und dem Rechtspopulismus des Jörg Haider teilte er überhaupt nicht. Der hochgewachsene, immer belebt und interessiert wirkende Mann
war schon als Generalsekretär des Außenministeriums (unter
Außenminister Alois Mock) für Journalisten ansprechbar und
lieferte gescheite Analysen. Seine Haltung war gewiss selten:
ein weltoffener Österreicher. Seine Antennen waren nicht nur
nach Deutschland ausgerichtet wie bei manchen anderen.
Während der Bemühungen um einen EU-Beitritt erregte Klestil
als Bundespräsident den Zorn des deutschen Kanzlers Helmut
Kohl, indem er in einer Rede sagte, für Österreichs Chancen
auf einen Beitritt sei »Paris« mindestens so wichtig wie »Berlin«.
Als Bundespräsident war es ihm ein Anliegen, nach Israel

zu reisen und dort in einer Rede als erstes österreichisches Staatsoberhaupt die Mitverantwortung vieler Österreicher am Holocaust offiziell einzugestehen. Seine Kandidatur zum Bundespräsidenten wurde von einem anderen untypischen ÖVPler, Erhard Busek, eingefädelt. Klestil kam sofort gut an – sein lockeres, freundliches Auftreten, aber vor allem sein Slogan »Macht braucht Kontrolle« gingen den Wählern ein.

Viele wünschten damals – 1992 – ein Gegengewicht zur Macht der »Großen Koalition« aus SPÖ und ÖVP, ein Korrektiv in der Hofburg. Wie das genau mit den Rechten des Bundespräsidenten vereinbar sei, die zwar bei der Regierungsbildung ziemlich groß sind, im politischen Alltag aber viel weniger, darüber machten sich die wenigsten Gedanken. Klestil allerdings schon. Er hielt nicht nur Österreichs Beitritt zur EU für lebenswichtig, er wollte auch aktiv mitmischen. Er ließ von einem Salzburger Staatsrechtler ein Gutachten ausarbeiten, wonach der österreichische Bundespräsident nach dem Vorbild des französischen Staatspräsidenten am jeweiligen höchsten Entscheidungsgremium der EU, dem Rat der Regierungs- und Staatschefs, teilnehmen könne.

Das musste der damalige Kanzler Franz Vranitzky als Eingriff in seine Befugnisse empfinden, und er tat alles, um das zu verhindern. Tatsächlich ist die Stellung des österreichischen Bundespräsidenten mit der des französischen Staatsoberhaupts nicht zu vergleichen – Österreich ist keine Präsidialrepublik.

Dabei brach aber eine verhängnisvolle Eigenschaft bei Klestil durch – die Überschätzung der öffentlichen Rolle, die ein Präsident spielen sollte. Zum Ratstreffen der EU-Staats- und Regierungschefs Ende Juni 1994 in Korfu, bei dem Vranitzky und Mock den Beitritt zur EU unterzeichneten, reiste auch Klestil an. Er hielt einen Vortrag und wollte dann am Abend am traditionellen Dinner der Premierminister und Staatschefs teilnehmen. Teilnehmer berichteten, dass für Klestil kein Platz am Tisch vorgesehen war und er deshalb mit seiner offiziellen Entourage eine Runde drehen musste, bis man einen Sessel dazugestellt hatte.

Klestil hatte dann noch eine zweite Amtsperiode von 1998 bis zu seinem Tod 2004 (knapp vor Ende der Amtszeit). In diese Zeit fiel sein schwerster politischer Rückschlag: Er wollte nach den Wahlen 1999 wieder eine Große Koalition, aber der damalige ÖVP-Chef Wolfgang Schüssel machte ihm einen gewaltigen Strich durch die Rechnung. Obwohl Klestil deutlich signalisierte, was er davon hielt, handelte Schüssel mit Jörg Haider eine Koalition aus. Er hatte eine parlamentarische Mehrheit, und dagegen konnte der Bundespräsident nichts tun. Schüssel so lange nicht als Kanzler anzugeloben, bis dieser klein beigegeben hätte, wäre eine Möglichkeit gewesen. Aber dazu wollte sich Klestil nicht verstehen. Diverse Aktionen folgten: Er fragte den ehemaligen EU-Kommissar Franz Fischler und den ehemaligen SPÖ-Vizekanzler Hannes Androsch, ob sie als Kanzler einer Expertenregierung zur Verfügung stünden – aber beide verwiesen darauf, dass sie binnen Kurzem von einem Misstrauensvotum der vereinigten ÖVP und FPÖ weggefegt worden wären. Klestil blieb nichts anderes übrig, als bei der Angelobung von Schüssel böse Miene zum bösen Spiel zu machen.

Macht braucht Kontrolle, aber Kontrolle braucht auch Macht. Wenn die vorhandene Macht relativ gering ist, muss sie umso klüger und realistischer ausgeübt werden.

Der kalte Kanzler Wolfgang Schüssel

Wolfgang Schüssel, der Klestil so kaltschnäuzig ausmanövriert hatte, ist einer der interessantesten Politiker der Zweiten Republik gewesen. Seine Intelligenz, schnelle Auffassungsgabe und Verarbeitung von Informationen waren wirklich beeindruckend.

Eine Kostprobe davon bekamen wir auf einer Reise mit dem damaligen Außenminister Schüssel nach Bosnien-Herzegowina. Es war der Tag nach dem Inkrafttreten des Abkommens von Dayton 1995, mit dem die US-Regierung Bill Clinton das Ende der serbischen Aggression gegen Bosnien erzwang. Der Anflug nach Sarajevo an einem Tag im Januar mit dichter Wolkendecke und durch ein enges Tal war haarsträubend. Wir waren in einer Falcon-Privatmaschine, das größere Flugzeug mit der Wirtschaftsdelegation musste umkehren, weil es die Landung auf dem vereisten Flughafen nicht wagen konnte. Links und rechts waren auf den Bergrücken die eben verlassenen Geschützstellungen der serbischen Belagerer zu sehen. Unten lag das Wrack eines russischen Antonow-Transportflugzeugs. Schüssel aber ließ sich in dieser bangen Viertelstunde vom Generalsekretär des Außenministeriums über die komplizierte Parteienlandschaft Bosniens briefen.

Nach der Landung fuhren wir mit einer UN-Eskorte in die Stadt. Die zerschossenen Häuser hatten den bosnischen Muslimen gehört, die unversehrten den bosnischen Serben. Auf einem Feld stand eine Hausruine mit der Aufschrift »*Welcome to Sarajevo*«, was zu einem internationalen Symbolbild wurde. Der Hausfotograf von Schüssel bat um einen Halt, um den Außenminister vor dem Motiv aufzunehmen. Er forderte Schüssel auf, für ein besseres Bild weiter rückwärtszugehen, bis ein britischer Offizier der Eskorte herbeisprang und Schüssel zurückkriss. Einen Meter dahinter war ein dünner Draht mit der englischen Aufschrift: »Achtung, Minen!«.

Glücklich angekommen in Sarajevo fand das Treffen mit den bosnischen Parteien statt, etwa einem Dutzend an der Zahl. Schüssel gab uns Journalisten als Mitglieder seiner Delegation aus. So wurden wir Zeugen, wie er punktgenau jeden einzelnen der Parteienvertreter richtig identifizierte, auf seine Linie und seine Pläne ansprach und ein umfassendes Wissen über die politische Situation in Bosnien bewies. Das alles hatte er vorher in einem etwa viertelstündigen Briefing während des Anfluges verarbeitet. Schüssel war zweifellos einer der intelligentesten Politiker. Aber auch einer der umstrittensten und zwiespältigsten. Bei manchen Bürgerinnen und Bürgern mit liberaler oder sozialdemokratischer Grundeinstellung löst er sogar heute noch ausgesprochene Hassgefühle aus. Das hat sicher damit zu tun, dass er nach den Wahlen 1999 kaltblütig den großen Konsens zwischen den beiden damaligen Großparteien ÖVP und SPÖ und damit eine jahrzehntelange Zusammenarbeit – manche würden sagen, eine Aufteilung der Republik – aufkündigte und mit der FPÖ zusammenging.

Den Präzedenzfall hatte allerdings vorher schon Bruno Kreisky gesetzt, der 1983 nach seinem Rücktritt seinen Nachfolger Fred Sinowatz praktisch dazu zwang, mit der FPÖ eine Koalition einzugehen. Aber das war damals die FPÖ unter Norbert Steger gewesen, eine Fünf-Prozent-Partei.

Jetzt ging Schüssel mit der FPÖ des Jörg Haider zusammen, die bei den Wahlen 1999 mit 26,9 Prozent der Stimmen genauso viel auf die Waage brachte wie die ÖVP (die FPÖ hatte sogar 400 Stimmen mehr). Haider hatte 1986 Steger bei einem turbulenten Parteitag in einer Art Putsch gestürzt (unter »Sieg Heil«-Rufen aus den Reihen der Delegierten), er war viel radikaler, rabiat »ausländerfeindlich«, scheute sich nicht, Nazivokabular zu verwenden usw.

Schüssel setzte sich über all das kühl hinweg. Er war zwar als Generalsekretär des Wirtschaftsbundes in der Schule des großen Wirtschaftskammerpräsidenten Rudolf Sallinger aufgewachsen, für den die Sozialpartnerschaft mit »den Roten« das Um und Auf der Politik war. Aber als Wirtschaftsminister einer Großen Koalition begann Schüssel, an der Versteinerung der SPÖ nach Kreisky und der Sturheit der Gewerkschaften zu verzweifeln. Besonders die Beinahepleite fast der gesamten

Verstaatlichten Industrie Mitte der 1980er-Jahre mit VÖEST, Böhler, Chemie Linz, Aluminium Ranshofen et cetera, die Zuschüsse von Dutzenden Milliarden Schilling notwendig machte, galt ihm als Beweis für die Unfähigkeit sozialistischen Wirtschaftens: personelle Überbesetzung, Herrschaft der »Betriebsratskaiser« statt des Managements, parteipolitisch motivierte Entscheidungen. Besonders Kreiskys berühmter Ausspruch: »Mir bereiten ein paar Milliarden Schulden mehr weniger schlaflose Nächte als ein paar Hunderttausend Arbeitslose« war Schüssel ein Gräuel. Er begann seinen Slogan »Mehr privat, weniger Staat« zu propagieren.

Das mit den Schulden sieht man heute auch in der ÖVP fast so wie Kreisky. Die Philosophie des »Sparens« muss in Krisensituationen über Bord geworfen werden, wenn es darum geht, die Wirtschaft am Laufen zu halten oder gar überhaupt zu retten. Das war so während der Weltfinanzkrise 2008, wo – glücklicherweise – eine Große Koalition unter Kanzler Werner Faymann und Vizekanzler Josef Pröll österreichische Banken gegen die Folgen abschirmte; und das war während der Coronapandemie so, als Abermilliarden in Subventionen für stillstehende Betriebe gesteckt wurden.

»Mehr privat, weniger Staat« hatte eine gewisse Berechtigung, da in Österreich der Staatssektor sehr groß war. Privatisierungen um ihrer selbst willen sind aber fragwürdig und schon gar Privatisierungen von essenziellen staatlichen Grundleistungen.

Schüssel sah in der Zusammenarbeit mit der SPÖ, deren Vertreter (vor allem Kanzler Viktor Klima) er überdies für intellektuell nicht satisfaktionsfähig hielt, keine Zukunft mehr. Sein Hauptmotiv für das Zusammengehen mit der FPÖ war aber vermutlich, dass er die Dominanz der Sozialdemokratie, die mit Kreisky begonnen hatte, endlich brechen wollte.

Der Geruch von Radikalismus und Nazi-Nostalgie, der Haider umwaberte, störte ihn dabei nicht so sehr. Hier hatte

Schüssel einerseits eine gewisse intellektuelle Arroganz – er würde Haider schon »zähmen«, »einbinden«. Auf der anderen Seite hatte Schüssel einen gewissen blinden Fleck, wenn es um die Wahrnehmung unterirdischer nationalsozialistischer Strömungen ging. Im Herbst 1995 waren wir auf einer USA-Reise, wobei er mir schon im Flieger die ersten Andeutungen gab, dass er es mit vorzeitigen Wahlen versuchen werde. Kurz vorher hatte er nämlich bei seiner Wahl zum ÖVP-Chef angekündigt, er werde »uns den Kanzler holen«.

Schüssel war damals Außenminister und Vizekanzler. Wir besuchten in Washington auch das neu errichtete Holocaustmuseum. Unter den Exponaten dort ist auch ein Schwarz-Weiß-Streifen, der das schicksalhafte Treffen vom 30. Januar 1933 zeigt, wo Reichspräsident Paul von Hindenburg mit leichtem Widerstreben, aber stark gedrängt von reaktionären Politikern wie Franz von Papen, den Führer der NSDAP, Adolf Hitler, zum Reichskanzler ernennt. Papen sagte damals über Hitler, man werde ihn schon »einrahmen«.

Nun, vor dem flackernden historischen Film, deutete Schüssel auf die Herren im Gehrock, die Hitler umgaben, und fragte: »Wer ist das?« Ich konnte nicht widerstehen und sagte: »Das sind die konservativen Politiker, die dachten, sie könnten einen Rechtsextremisten ›einbinden‹ …«

Schüssel murmelte etwas, und wir setzten den Rundgang fort. Im Herbst brach er Neuwahlen vom Zaun, die ÖVP legte aber auf 28,3 Prozent nur minimal zu, während Franz Vranitzky mit 38,1 Prozent das seither für die SPÖ unerreichte Ergebnis erzielte. Jörg Haider kam auf 21,9 Prozent.

Beim nächsten Mal, 1999, hat es dann für Schüssel geklappt, er konnte seinen Plan mit Haider durchsetzen. Wieder geriet Österreich in eine unangenehme internationale Situation, Schüssel verstand es aber, die »Sanktionen« der EU, eine Art Kontaktsperre, auszusitzen. Bei einem EU-Treffen im Herbst

1999 in Finnland hatte der damalige deutsche Außenminister noch zu uns gesagt: »Wenn Schüssel das macht, dann kracht's im Karton«, aber Schüssel machte »das«, nämlich die Koalition mit Haider, mit eiserner Entschlossenheit.

An diesem Abend in Tampere, Finnland, ließ Schüssel auch einen weiteren Blick in sein Geschichtsverständnis zu. Mit einer Kollegin vom *profil* wartete ich auf ihn, bis er von einer vorbereitenden Sitzung der Europäischen Volkspartei (EVP) zurückkam. Dort hatte er sich offenbar viel Kritik wegen seiner Haider-Pläne anhören müssen. Die Kollegin fragte ihn, ob er nicht Haiders Äußerungen über die »ordentliche Beschäftigungspolitik im Dritten Reich« und anderes als Verhöhnung der Opfer des Nationalsozialismus empfinde. Schüssel entgegnete, die Opfer verdienten größte Achtung – aber es habe auch andere Opfer gegeben, etwa die nach dem Krieg aus der Tschechoslowakei vertriebenen Sudetendeutschen. Relativierung vom Feinsten.

Tatsächlich handelte Schüssel als Kanzler dann eine Entschädigung für etwa 150 000 noch lebende Zwangsarbeiter der NS-Zeit aus, später auch für die Opfer von »Arisierungen«. Die ÖVP/FPÖ beschloss aber auch (weit geringere) Zahlungen für »Spätheimkehrer« aus der Kriegsgefangenschaft und für Vertriebene. Man muss anerkennen, dass ausgerechnet die Regierung Schüssel mit der FPÖ an Bord Substanzielles an »Wiedergutmachung« für Opfer des Naziregimes geleistet hat. Aus Gesprächen mit ihm konnte man zu dem Schluss kommen: Er tat es aus einem Mix an Motiven. Einerseits hatte er gesehen, wie teuer es den Schweizer Banken gekommen war, dass sie sich zunächst weigerten, in der Frage der ungeklärten Konten aus der NS-Zeit zu kooperieren; dann war er sich des Unrechts des Nationalsozialismus in Österreich durchaus bewusst; aber er fand viele Gründe, warum man mit den Österreichern jener Zeit als Ganzes nicht so hart sein sollte: Viele seien verblendet gewesen, hätten einen Ausweg aus der Not der 1930er-Jahre gesehen usw. Das aber werde durch die Aufbauleistung der Nachkriegszeit, durch den neuen Glauben an die Demokratie sozusagen wieder ausgeglichen. Fazit: Man solle nicht so streng mit uns sein … Und er dachte aufrichtig, er könne mit einer Mitte-Rechts-Koalition Österreich zu einer neuen, »bürgerlichen«, privatwirtschaftlich betonten Ära ohne »sozialistische Gleichmacherei« führen. Dasselbe dachte ein paar Jahrzehnte später Sebastian Kurz auch, nur intellektuell weniger untermauert. Beide haben sich dramatisch geirrt, und zwar in der Natur der FPÖ.

Die FPÖ ist nicht »bürgerlich«, sie ist revolutionär in dem Sinn, dass sie eine andere Republik, eine andere »Demokratie« nach autoritärem Orbán-Muster will (siehe Kapitel »Was auf dem Spiel steht«). Das wollen auch heute sehr viele in der Volkspartei nicht begreifen.

Schüssel irrte sich überdies dramatisch in seiner Einschätzung des Mannes, dem er seine Nachfolge anvertrauen wollte. Karl-Heinz Grasser, der smarte Sohn eines Kärntner Unternehmers, war im Jahr 2000 als 31-Jähriger von Jörg Haider zum Finanzminister bestimmt worden. Das zeitweilige Mitglied der »Buberlpartie« Haiders profilierte sich mit einem wirtschaftsliberalen Kurs (»Ein guter Tag beginnt mit einem sanierten Budget«), war aber letztlich ein jugendlicher Blender und hauptsächlich am eigenen ökonomischen Fortkommen interessiert. Grasser war so klug, sich nach dem »Knittelfelder Putsch« einer Reihe von alt-nationalen FPÖ-Politikern zu distanzieren und als »unabhängiger Minister« Schüssel anzunähern, der in der Folge Neuwahlen ausrief und die ÖVP auf sensationelle 42,3 Prozent brachte.

Darauf folgte jedoch die Wahlniederlage 2006, und Schüssel wollte Grasser als Vizekanzler in eine neue SPÖ-ÖVP-Koalition schicken und implizit als Nachfolger für die ÖVP-Spitze aufbauen. Dem machten aber Traditionalisten der ÖVP wie Andreas Khol einen Strich durch die Rechnung. So viel leichtgewichtigen Populismus wollte man doch nicht. Ein journalistisches Gespräch mit Karl-Heinz Grasser war so fluffig und nichtssagend, dass man Schwierigkeiten hatte, da etwas herauszudestillieren. Außerdem war Grasser schon damals von Korruption umwittert, die schließlich Jahre später in einer erstinstanzlichen Verurteilung zu acht Jahren endete. Das wurde also aus Schüssels Konzept, die ÖVP zu modernisieren und eine lang andauernde konservative Herrschaft zu errichten. Sein »Enkel« Sebastian Kurz hatte ähnliche Höhenflüge, die dann in ähnlichen Abstürzen endeten.

Kurz war aber ein gänzlich anderer Politikertyp – während Schüssel immer eine gewisse Reserve verspüren ließ, manchmal aber auch bei ihm sarkastischer Humor durchblitzte, wobei seine Politik eine gewisse weltanschauliche Substanz hatte, war Sebastian Kurz ein neues Phänomen: der »Erlöser«, der Messias, der sich dann aber als Blender herausstellte.

KAPITEL 4

Die Erlöser.

Österreich liebt sie, die jungen, feschen, kometenhaften Aufsteiger. Manchmal sogar noch weit über deren Absturz hinaus.

Herbst 2008. In meinem New Yorker Hotelzimmer läutete sehr früh am Morgen das Telefon. Ein Wiener Freund war am Apparat, hörbar aufgewühlt. »Der Haider ist tot«, sagte er. »Mit dem Auto verunglückt. Du hast recht gehabt.«

Recht gehabt? Bezogen hat er sich wohl auf ein Gespräch, das zu diesem Zeitpunkt schon einige Jahre her war. Damals, an einem lauen Sommerabend im wunderbaren Altaussee, war eine Runde politisch interessierter Freunde zusammengesessen. Unter ihnen waren Karl Schwarzenberg, damals Mitglied des tschechischen Senats, der bekannte Publizist Peter Michael Lingens und besagter Freund, ein Wiener Rechtsanwalt, der immer wieder gegen Rechtsextremismus und Rechtspopulismus auftrat. Wir redeten – über was sonst – über den Erfinder des österreichischen, wenn nicht des europäischen Rechtspopulismus, den damaligen Kärntner Landeshauptmann Jörg Haider. Wir diskutierten darüber, ob aus ihm, der nur noch in Kärnten von Volksfest zu Volksfest eilte und von dort aus gelegentlich in die Bundespolitik hinausschimpfte, noch etwas werden könne. Ich verneinte das damals und wagte ein Psychogramm: Das rastlose, zügellose Verhalten, die Jagd nach immer neuen Thrills, die immer schrilleren Auftritte – all das lasse bei Haider auf eine risikosüchtige Persönlichkeitsstruktur schließen. Damit und mit seiner Angst vor echter Verantwortung habe er im Grunde eine echte Karriere verspielt. Und ich fügte aus einem Impuls hinzu: »Haider wird wahrscheinlich nicht friedlich im Bett sterben. Entweder fällt er dem Attentat eines Verrückten zum Opfer oder er fährt mit dem Auto gegen die Wand«.

Österreich liebt jugendliche Blender. Ein krasses Fehlurteil oder belegt durch die Geschichte der letzten 30 Jahre? Der Satz stimmt, denn Politiker wie Jörg Haider, Karl-Heinz Grasser und Sebastian Kurz hatten enorme Beliebtheitswerte und politischen Erfolg. Mit etwas mehr Glück und etwas mehr Selbstdisziplin hätten es Haider und Grasser zum Kanzler bringen können, Sebastian Kurz schaffte es sogar (verspielte dann aber seinen Erfolg).

Waren nicht alle Bürgerinnen und Bürger gleichermaßen enthusiastisch, tat dies dem vorläufigen Erfolg der jungen Blender keinen Abbruch. So führte Jörg Haider die FPÖ von einer Fünf-Prozent-Partei zur zweitstärksten Kraft mit 26,9 Prozent. Sebastian Kurz erzielte 2019 mit 37,5 Prozent den höchsten Wert der ÖVP seit Jahrzehnten. In den Umfragen dümpelte die Volkspartei vor ihm auf etwa 20 Prozent herum. Aber die anfängliche Begeisterung verflüchtigte sich. Die Blender verloren Glanz und Posten. Aber wie war es überhaupt so weit gekommen, und was bedeutet das für die politische Entwicklung in Österreich?

Nun erleben wir im politischen Entscheidungsjahr 2024 einen ästhetischen Gegenentwurf. Ein Rechtspopulist, der weder jung noch gutaussehend ist, erzielt Erfolge, mit denen viele so nicht gerechnet haben. Es geht offenbar auch ohne Glamour, wenn man über Gefühl für die Themen der Zeit und politisches Talent verfügt, wenn man unmittelbar erkennt, wann der Frust in der Bevölkerung über Megathemen – Migration, Preisentwicklung, allgemeine Schwäche der Regierenden – so groß ist, dass hemmungsloses Polemisieren genügt. Und wenn die Unfähigkeit der traditionellen Parteien, sowohl ein großes, konzeptuelles Ziel vorzugeben als auch gleichzeitig ordentlich zu regieren, so deutlich sichtbar wird.

Im Grunde geht es um etwas anderes. In der Ausseer Runde wurde viel über den wiederholt bewiesenen Hang so vieler Österreicherinnen und Österreicher geredet, sich das politische Heil von einem Erlöser, einer charismatischen Figur, einem jungen, gutaussehenden Blender mit faszinierendem Auftreten zu erwarten und dabei zu ignorieren, dass entweder gar keine oder eine schlechtestenfalls gefährliche Substanz vorhanden ist. Wir wollten den Ursachen auf den Grund gehen und überlegten, wie man wohl insgesamt zu einer rationaleren Haltung zur Politik kommen könnte.

Jörg Haider war die Verkörperung des Rechtspopulismus, der vor fast 40 Jahren seinen Aufstieg in Österreich begonnen hat und heute nach ganz oben strebt. Er holte mit neuer, moderner Anmutung die demokratisch zweifelhaften nationalistischen Strömungen, die nach dem Ende des Dritten Reichs in eine Nischenexistenz geraten waren, wieder nach vorne und nach oben. Er verlieh ihnen Legitimität, indem er tatsächliche Probleme – rot-schwarze Proporzherrschaft, erste Zuwanderungswelle nach dem Bosnienkrieg – aufgriff und einer teilweise frustrierten Bevölkerung scheinbar einfache Lösungen anbot (»solange wir Hunderttausende Arbeitslose haben, brauchen wir keine Zuwanderung«). Diese Botschaft kam auch bei den vielen Hunderttausenden an, die keineswegs Nazi-Nostalgiker oder schlagende Burschenschafter waren. So brach er aus der Nische der »Nationalen« aus.

Populismus ist aber kein »nützliches Korrektiv« für entartete Machtpolitik oder hilfreich, weil er Probleme anspricht, welche die Bürger wirklich beschäftigen. »Entscheidend ist jedoch, dass Populismus an sich nicht demokratisch, ja der Tendenz nach zweifelsohne antidemokratisch ist«, schreibt der bekannte Politologe Jan-Werner Müller in seinem Standardwerk *Was ist Populismus* (2016). »Alle anderen vermeintlichen Repräsentanten der Bürger seien auf die eine oder andere Art illegitim. Insofern reklamieren Populisten nicht so sehr den Satz ›Wir sind das Volk‹ für sich, ihre Botschaft lautet vielmehr: ›Nur wir vertreten das Volk‹. Populismus ist also nicht nur antielitär, sondern antipluralistisch.«

Einen Widerhall dessen kann man heute in Herbert Kickls Spruch von der »Einheitspartei« aller anderen und dem Slogan »Mit euch gegen das System« erkennen.

Ich hatte Jörg Haider praktisch von Anfang an misstraut, zunächst vor allem wegen seiner ständigen Rückgriffe auf nationalsozialistisches Vokabular und entsprechender politischer Konzepte. Während andere noch seine Frische, durchaus auch seine Frechheit, seine Redebegabung und seinen politischen Instinkt lobten, während er reihenweise auch Angehörige der gebildeten Mittelschicht faszinieren konnte, war er mir von Anfang an unheimlich. Er redete streckenweise wie ein Nazi.

Was kein Wunder war, denn Haider kam aus einem Elternhaus glühender Nazis. Seine Eltern waren schon in den 1930er-Jahren NS-Anhänger gewesen. Sein Vater Robert, ein Schuhmacher, war illegales Parteimitglied und am nationalsozialistischen Putschversuch 1934 beteiligt, bei dem der diktatorisch regierende austrofaschistische Kanzler Engelbert Dollfuß ermordet wurde. Er floh über die Grenze ins Deutsche Reich und trat dort der paramilitärischen Österreichischen Legion bei. Nach dem »Anschluss« von 1938 war er zunächst Gaujugendwalter der Deutschen Arbeitsfront in Linz, also Parteiangestellter. Seine Mutter, eine Arzttochter, war Führerin im Bund Deutscher Mädel (BDM). Beide haben ihre Gesinnung nie wirklich abgelegt und sie an ihren Sohn weitergegeben. Österreichische Realität: 1998 wurde Robert Haider über Antrag des Sozialministeriums das Goldene Ehrenzeichen für Verdienste um die Republik verliehen.

Als junger Mann war Haider in deutschnationalen Kreisen und als aufstrebender FPÖ-Politiker selbstverständlich auch einer entsprechenden deutschnationalen-nationalsozialistischen Gedankenwelt ausgesetzt, die gerade in seinen Biotopen im Salzkammergut oder Kärnten noch ziemlich stark war. Sätze wie der von der »ordentlichen Beschäftigungspolitik im Dritten Reich« oder von den »anständigen« SS-Mitgliedern kamen durchaus aus einer inneren Überzeugung.

Das störte aber sehr viele nicht, viele kamen auch durchaus aus ähnlichem Milieu, beziehungsweise gelang es Haider, das vergessen zu machen, indem er aktuelle Probleme – Parteienwirtschaft, Arbeitsplatzverluste in dem von SPÖ und ÖVP beherrschten staatlichen Sektor – geschickt aufgriff.

Überdies war er selbst ambivalent, versuchte gelegentlich, aus dem dumpfen Nazimilieu auszubrechen. Angeleitet vom zeitweiligen EU-Abgeordneten und sogar »Generalsekretär« der FPÖ, Peter Sichrovsky, versuchte er sogar, Kontakte zu orthodoxen jüdischen Gemeinden und Organisationen in den USA und Kanada zu knüpfen. Der seinerzeitige Generalsekretär des American Jewish Committee, Rabbi Andrew Baker, sagte mir einmal: »Haider glaubt wirklich an die Macht des Weltjudentums. Er möchte sich mit ihnen gutstellen.«

In den wenigen Gesprächen, die ich mit ihm hatte, zeigte sich, wie sehr er sich an das jeweilige Gegenüber anpassen konnte und wollte – er gab nicht nur nationalpopulistische, sondern auch andeutungsweise »liberale« Aussagen von sich. Er versuchte, in mir, dem liberalen Journalisten, einen Verbündeten zu gewinnen, und suggerierte, dass er mit mir, der ja auch gegen die »Proporzherrschaft« argumentierte, auf derselben Seite wäre.

In Wirklichkeit zielte er aber auch auf einen autoritären Umbau des Landes. Haiders Buch von 1993 – *Die Freiheit, die ich meine. Das Ende des Proporzstaates. Plädoyer für die Dritte Republik* – ist eine Handlungsanleitung für den Umbau der Republik zu einem autoritär-populistischen System: Zusammenlegung von Bundespräsident und Kanzler, radikale Verkleinerung des Parlaments, ununterbrochen Volksabstimmungen über aktuelle Fragen.

An dieser grundsätzlich undemokratischen Grundeinstellung von Haider musste jeder Beobachter mit etwas historischem Wissen sich schon ziemlich früh stoßen, auch und
gerade als er seine größten Erfolge erzielte.

Aber kann man vom »normalen« Bürger verlangen, dass
er auf historische Alarmzeichen achtet oder sogar reagiert?
Haben die nicht schon genug damit zu tun, das tägliche Leben,
ihre Arbeit und ihre Sorgen zu bewältigen? Und hatte nicht
Haider doch auch recht mit seinem Angriff auf die etablierte
rot-schwarze Herrschaft?

Richtig ist, dass diese Herrschaft, die Österreich in den
ersten Nachkriegsjahrzehnten durchaus erfolgreich zu neuem
Wohlstand führte, zugleich auch eine Entmündigung war:
SPÖ und ÖVP sagten den Bürgern in etwa Folgendes: Wir
geben euch Arbeit (im großen, damals noch viel größeren
staatlichen Sektor); wir geben euch soziale Sicherheit (durch
einen wirklich gut ausgebauten Wohlfahrtsstaat); wir geben
euch dringend benötigte moderne Wohnungen durch den Bau
von Gemeinde-, Genossenschafts- und (geförderten) Eigen-
tumswohnungen; wir halten gleichzeitig den Mietzins in Alt-
bauten durch eine Mietenbegrenzung niedrig; wir sorgen für
ein stabiles wirtschaftliches Umfeld ohne Streiks durch Lohn-
Preisabkommen der Sozialpartner (die mit uns eng verbunden
sind) – aber dafür übergebt ihr eure politischen Ambitionen
an uns. Ihr werdet Mitglieder in unseren Parteien mit Partei-
buch (in einem Ausmaß, wie es in westlichen Demokratien
unüblich ist); ihr wählt uns brav und regelmäßig; wenn jemand
unter euch politische Ambitionen hat, dann muss er die Ochsen-
tour durch unsere Parteiapparate machen und auf der Karriere-
leiter nicht aufmucken.

So war das, und das stieß im Laufe der Zeit immer mehr
Bürgerinnen und Bürgern sauer auf, vor allem, als der Pakt mit
den regierenden Parteien nicht mehr so richtig funktionierte:

Die verstaatlichte Industrie geriet in den 1980er-Jahren in eine existentielle Krise, musste mit Milliarden Staatszuschuss gerettet – und »entpolitisiert« – werden, was aber kräftige Personalreduktionen bedeutete. Der soziale Wohnbau wurde langsamer und kam in den letzten Jahren nahezu zum Erliegen. Skandale um Gewerkschafts- und sonstige Bonzen füllten die Zeitungen. Und selbstverständlich wurde der Zuwandererstrom als soziale und kulturelle Bedrohung empfunden.

Haider hatte bei den Wahlen 1999 mit 26,91 Prozent der Stimmen den höchsten Anteil für die FPÖ seit Parteigründung erreicht. Die FPÖ lag haargenau gleichauf mit der ÖVP des Wolfgang Schüssel, ebenfalls 26,91 Prozent. Nur: Die FPÖ war trotzdem stärker, und zwar um rund 400 Stimmen.

Es folgte die erste schwarz-blaue Koalition, Haider ging nicht in die Regierung, blieb in Kärnten. Schon zwei Jahre später implodierte die FPÖ, durch eine Revolution der traditionellen Deutschnationalen, die lieber die heilige Flamme hochhalten wollten, als in einer Regierung Kompromisse einzugehen. In der Folge traten einige FPÖ-Minister zurück, Schüssel setzte geschickt auf Neuwahlen, die er glänzend und auf Kosten der FPÖ gewann, Haider gründete das BZÖ, mit dem er die Koalition weiterführte, und verbrachte künftig seine Tage damit, in Kärnten von Volksfest zu Volksfest zu reisen.

Wir redeten in Altaussee darüber, was nun aus Jörg Haider werden würde. Ob es ihm noch einmal gelingen würde, aus dem Kärntner Rückzugsort in die Bundespolitik vorzustoßen. Ob es sich bei ihm um eine echte politische Kraft handle, die aus einem temporären Tief wieder nach oben kommen könne, oder, wie einer der Teilnehmer sagte, um ein »großes, aber verhunztes Talent«.

Ich schätzte Haiders Chance, ganz nach oben zu kommen, für verspielt ein. Er habe in Wahrheit Angst vor der großen

Verantwortung – und davor, wirklich im Scheinwerferlicht der Öffentlichkeit zu stehen. Als Oppositioneller habe er nicht eine solche investigative Beobachtung zu fürchten gehabt wie etwa als Kanzler. Er heize lieber im Bierzelt die Massen an, als mühsame Regierungsarbeit zu leisten und die Gefahr des Scheiterns auf sich zu nehmen. Der damalige Eigentümer der *Kronen Zeitung*, Hans Dichand, habe ihm nach dem Wahlerfolg von 1999 geraten, jetzt noch nicht in eine Regierung zu gehen, sondern die nächsten Wahlen abzuwarten, die ohnehin vorzeitig kommen würden, um dann wirklich die Nummer eins zu sein. Aber Haider hatte den Rat in den Wind geschlagen, weil er eben die ganz große Verantwortung scheute.

Der Ablauf des Tages und der Nacht im Oktober 2008, an dem Haider mit seinem Phaeton bei Lambichl nahe Klagenfurt bei einem Überholmanöver kurz nach ein Uhr nachts mit überhöhter Geschwindigkeit und mit 1,8 Promille im Blut tödlich verunglückte, ist recht intensiv untersucht worden. Es ranken sich weiterhin groteske Verschwörungstheorien um den Vorgang. Die Freimaurer oder der israelische Geheimdienst werden in einschlägigen Kreisen als mögliche Tatbeteiligte genannt.

Ich vermute, dass bei Haiders risikobetontem Verhalten an diesem Tag und in dieser Nacht und seiner für ihn tatsächlich eher ungewöhnlichen Alkoholisierung zwei Dinge eine Rolle spielten: seine grundsätzliche Unrast, seine Sucht nach immer stärkeren Erlebnissen, um seine Unzufriedenheit und Lebensleere zu überdecken – und das ganz konkrete Wissen um den Zustand der Landesbank Hypo Alpe Adria. Er wusste damals, im Oktober 2008, schon, dass die Bank durch Spekulationsgeschäfte und übertriebene Expansion in großen Schwierigkeiten war. Im Dezember musste dann der Staat 900 Millionen Partizipationskapital zur Liquiditätsstärkung bereitstellen. Haider hatte sich in die Gestion der Bank immer massiv eingemischt und musste fürchten, dass ihm eine Pleite – die ja dann ein Jahr später erfolgte – auf den Kopf fallen würde.

Populisten, Rechtspopulisten vor allem, aber auch Linkspopulisten, haben ganz bestimmte Verhaltensmuster. Das haben renommierte Autoren schon seit Längerem brillant beschrieben. Walter Ötsch, Professor für Ökonomie und Kulturgeschichte, hat in seinem Klassiker *Populismus für Anfänger. Anleitung zur Volksverführung* (gemeinsam mit Nina Horaczek) von 2017 die Populisten als Gurus beschrieben:

»Ein Guru steht über allen und grenzt alle anderen aus. Ein Guru ist einsam ... Er kann sich selbst nicht als Teil einer Gemeinschaft denken. Im Extremfall hasst ein Guru seine Gefolgschaft. Er benötigt sie für sein Rollenspiel, aber er sieht sie nicht als reale, autonome, selbstbestimmte Menschen. Trump ist dafür ein beredtes Beispiel.«

Aber: »Im Guru-Spiel ist der Guru die am meisten gefährdete Person. Ein enttäuschter Fan kann seine vordergründige Liebesbeziehung zum Guru auflösen und die Illusion beenden. Ein Guru hat es viel schwerer, weil es nicht um ein Fremdbild, sondern um sein eigenes Selbstbild geht.«

Das Selbstbild Jörg Haiders war schon länger nicht mehr mit seiner Lebensrealität vereinbar. Er stand buchstäblich vor einer inneren Wand. Was sollte er jetzt mit seinem Leben, seiner Karriere noch tun? Weiter den Kärntner *local hero* geben? Er war zum Zeitpunkt des Ausseer Gesprächs Anfang 50, nicht alt für einen Politiker, der etwas an sich hat, was die alten Römer »*gravitas*« nannten – Gewichtigkeit, Bedeutung, Ernsthaftigkeit. Nicht alt für jemand, der Bundeskanzler werden könnte. Aber ziemlich alt für einen Politiker, der so jung begonnen hatte (1979 zog er mit 29 Jahren als jüngster Abgeordneter der FPÖ in den Nationalrat ein, 1986 wurde er mit 36 Jahren Parteichef); und der vor allem von seinem jugendlichen Image lebte. Und ziemlich alt für jemand, dessen Karriere offenkundig an einem toten Punkt angelangt war.

Haider blieb nicht allein. Die Rolle des jungen, blendenden Superstars, der der etablierten Politik eine Absage erteilt, haben auch andere versucht. Mit bescheidenem Erfolg. Von Karl-Heinz Grasser hört man heute nur noch durch die Bericht-erstattung aus dem Gerichtssaal. Auch er war ein politisches »Potenzial«, wie es in der Sprache der Management-Consultants heißt. Der Sohn einer Kärntner Autohändlerfamilie gehörte ursprünglich zur »Buberlpartie« des Jörg Haider. Mit der schwarz-blauen Koalition von 2000 hatte die FPÖ plötzlich Bedarf an Leuten, die irgendetwas von Wirtschaft verstehen, und sei es, dass sie einen Magistergrad in BWL haben. So wurde Karl-Heinz Grasser mit 31 Jahren Finanzminister der Republik Österreich. Er setzte auf flotte Sprüche (»Ein guter Tag beginnt mit einem sanierten Budget«) und auf Seelen-massage für jene Hunderttausenden Klein- und Mittelunter-nehmer, die sich in Österreich mit einigem recht vernachlässigt und durch zu hohe Steuern und zu viel Bürokratie beschwert fühlten. Grasser veranstaltete Events für den deklassierten (oder sich deklassiert fühlenden) Mittelstand in ganz Österreich und stieß in vollen Sälen auf tobende Begeisterung.

Substanziell änderte sich nichts an der Finanz- und Wirt-schaftspolitik. Das Budget blieb so unsaniert wie zuvor, nur ein einziges Mal gelang durch Sondereffekte (Steuererhöhun-gen, Goldverkauf) ein »Nulldefizit«. Vordergründig veran-staltete Grasser eine Welle von Privatisierungen im staatlichen und halbstaatlichen Bereich, im Hintergrund wurden bei immer mehr dieser Projekte Ungereimtheiten und der Ver-dacht von Schiebungen und persönlicher Bereicherung ruch-bar. Das vorläufig letzte Kapitel wurde im Frühjahr 2024 gesprochen: Die Generalprokuratur der Republik empfahl, den Schuldspruch wegen Untreue gegenüber Grasser in Sachen

BUWOG-Privatisierung aufrechtzuerhalten. Das Strafmaß betrug acht Jahre.

Grasser war sozusagen ein »Populist light«. Es ging ihm eher um sein persönliches Fortkommen als um den Zuspruch der Massen, obwohl er seine Beliebtheit natürlich in politisches und persönliches Kapital ummünzte. Er hatte aber keine großen Ziele des Umbaus der Demokratie in ein autoritäres System wie Haider, er hätte höchstens dem »unternehmerischen Mittelstand eine Heimat gegeben«, wie er einmal in einem Gespräch mit mir als sein Ziel erklärte.

Er löste sich sogar relativ bald von Haider und suchte sich einen neuen Mentor, den ÖVP-Kanzler Wolfgang Schüssel. Im Herbst 2002 trat er nach dem »Knittelfelder Putsch« gemeinsam mit Vizekanzlerin Susanne Riess-Passer und dem damaligen FPÖ-Klubobmann Peter Westenthaler in der Regierung zurück und später aus der Regierung aus. Nach den für die ÖVP erfolgreichen Wahlen wurde er wieder Finanzminister. Nach der ÖVP-Wahlniederlage wollte Schüssel ihn als seinen Nachfolger aufbauen, was aber von Traditionalisten in der ÖVP (Andreas Khol) verhindert wurde. Daraufhin ging er in die »Privatwirtschaft«, u. a. war er bei den Projekten von Julius Meinl beteiligt, bei denen viele Anleger Geld verloren. Heute weiß man nicht, wovon Grasser eigentlich lebt.

Grasser war eine Episode. Ein nicht eingelöstes Versprechen. Er war auch zu leichtgewichtig, um einen nachhaltigen politischen Effekt zu erzielen. Vor allem fehlte ihm – wie Haider – der unbedingte Wille, den Platz ganz oben zu erobern. Er lebte lieber das flotte Dolce Vita.

Da war Sebastian Kurz schon ein anderes Kaliber. Er wollte die Macht, und er hatte einen Plan dazu. Das »Projekt Ballhausplatz«, ein strategisches Papier, das seine Berater, lauter konservative Intellektuelle, zusammengestellt hatten, wurde mit bemerkenswerter Kühle und Konsequenz umgesetzt.

Sebastian Kurz war von Jugend auf ein *political animal*: Er erzählte gern, wie er als 16-Jähriger bei der Meidlinger ÖVP vorstellig wurde. Was er allerdings zu hören bekam, war: »Burschi, komm wieder, wenn du groß bist.« Er war auf der Suche. Ein frühes Foto etwa in dem Alter zeigt ihn an der Seite eines grinsenden Karl-Heinz Grasser. Später wurden zunächst Michael Spindelegger, dann der Ex-Kanzler Wolfgang Schüssel seine Mentoren.

Schüssel hatte sicher einen beträchtlichen Einfluss auf Kurz, einerseits als Meister der Machttechnik, die er vermitteln konnte, andererseits als Vertreter einer Linie des europäischen Konservatismus, die man als »Schwenk nach rechts« bezeichnen könnte. Weg vom christlich-sozialen gemäßigten zu einem radikaleren, »roheren« Konservatismus. Schüssel hatte den Weg schon vorbereitet mit Privatisierungen und Reformen (Kürzungen) im Pensionssystem; später nahm sich dann Sebastian Kurz bewusst den britischen Tory-Chef David Cameron als Vorbild: Law and Order, gegen Multikulturalismus, Begünstigung von Wirtschaftsinteressen, Kürzungsversuche im sozialen Bereich. Die von der Regierung umgesetzte – und vom EU-Gerichtshof aufgehobene – Kürzung der Familienbeihilfe für ausländische Arbeitskräfte (hauptsächlich weibliche 24-Stunden-Hilfen für pflegebedürftige Alte, die aus der Slowakei und Rumänien kamen) stammt von David Cameron.

Wichtiger als das war aber die Wirkung von Kurz. Er trat einfach gut auf. Er verströmte Zuversicht, Bestimmtheit, Entschlossenheit. Man nahm ihm (anfangs) ab, dass es wirklich »Zeit für Neues« war, was immer das auch sein sollte. Der deutsche Politologe Thomas Biebricher hat in seinem Buch *Mitte/Rechts. Die internationale Krise des Konservatismus* von 2023 einerseits einen Schwenk nach rechts der europäischen Christdemokraten beschrieben, andererseits den Typus der Führungspersönlichkeit, den dieser Wandel hervorbrachte:

»Daneben fällt aber vor allem auf, dass die skizzierten Veränderungen einen bestimmten Personentypus mit einer gewissen Regelmäßigkeit gerade an die Spitze von (Mitte-) Rechtsparteien zu helfen scheinen. Das Profil ist das einer kommunikativ versierten, ideologisch schillernden und bisweilen hemdsärmelig auftretenden Figur, die zu medialer Omnipräsenz neigt und die Sprache des Volkes spricht … Was den Befund interessant macht, ist die Tatsache, dass ihnen allen etwas Halbseidenes anhängt, die Attitüde des *hustlers,* der gerne um hohe Einsätze spielt.«

Im persönlichen Umgang allerdings war er höflich, hörte zu, ging auf Gesprächspartner (scheinbar) ein, redete, im Unterschied zu vielen anderen, durchaus auch Klartext, selbst gegenüber Leuten, die ihm kritisch gegenüberstanden. Kurz war ein cooler Spieler. Er eroberte das Kanzleramt nach einem genauen Plan, indem er einerseits seinen Regierungspartner SPÖ ausmanövrierte und im Frühjahr 2017 Neuwahlen vom Zaun brach, andererseits seinen Rivalen an der Spitze der Volkspartei, Reinhold Mitterlehner, kaltblütig hinausmobbte.

Auch Kurz trat als Guru auf, als Erlöser, der sich bei einem Wahlkampfauftakt in der Wiener Stadthalle vor türkis gewandeten jungen Anbetern von oben mit himmlischen (Scheinwerfer-)Strahlen ausleuchten ließ. Er veranstaltete Wanderungen mit seiner Anhängerschaft, bei der zugleich zynischen und bibelfesten Beobachtern einfiel, dass ja auch Jesus mit seinen Jüngern und begleitet von »allem Volk« durch Galiläa nach Jerusalem wanderte. Tatsächlich tauchten dann immer mehr Karikaturen und Anspielungen von Kurz, dem »Messias«, in den Zeitungen auf.

Das Entscheidende aber war, dass Kurz in einer Situation tiefer Unzufriedenheit in der Bevölkerung den Sprung an die Spitze wagte. Die rot-schwarze Koalition Christian Kern / Reinhold Mitterlehner schien nur zu streiten und nichts voranzubringen. Die Flüchtlingswelle 2015/16 jagte den Österreichern nach anfänglichen humanitären Reaktionen nur noch Angst ein. Sie wollten etwas Neues, was Kurz dann im Wahlkampf 2017 mit dem genialen Slogan »Zeit für Neues« aufgriff.

Aber er hatte auch scheinbar Handfesteres zu bieten: Der Flüchtlingszustrom des Jahres 2015 bestärkte den früheren Integrationsstaatssekretär Kurz, nunmehr Außenminister, in seiner Überzeugung, dass man dieses dringendste Problem der Österreicher angehen müsse. Und so veranstaltete Kurz im Februar 2016 eine Konferenz der Westbalkanstaaten, bei der die »Schließung der Balkanroute« beschlossen wurde. Im Wesentlichen war das ein Grenzzaun zwischen Nordmazedonien und Griechenland, der den bereits im Bau befindlichen Zaun ergänzte, den Viktor Orbán zur serbischen Grenze hin errichtete.

Innenpolitisch war diese »Schließung der Balkanroute« ein voller Erfolg. Von nun an hoben die Beliebtheitswerte von Sebastian Kurz noch mehr ab. Aber in Wirklichkeit war es ein Scheinerfolg, ja ärger noch, eine ebenso geschickte wie freche Kaperung eines großen Deals, den die deutsche Kanzlerin Angela Merkel mit dem türkischen Präsidenten Recep Tayyip Erdoğan nur wenig später abgeschlossen hat. Kurz war voll »reingegrätscht« und hatte sich als »Abstauber« betätigt.

Um das besser nachvollziehen zu können, muss man sich die Situation damals in Erinnerung rufen. Millionen von Syrern flohen im Sommer 2015 vor dem syrischen Bürgerkrieg (und vor den Bomben der Russen, die den Diktator Assad stützten) in die Türkei. Von dort wurden sie – und zum Teil Migranten aus anderen asiatischen und arabischen Ländern – mit Schlauchbooten einer Schleppermafia auf die vor der türkischen Küste liegenden griechischen Inseln gebracht.

Ich selbst habe im Sommer 2015 die vollen Boote gesehen, die massenweise anlandeten, und mit Männern der griechischen

»Wasserwehr« gesprochen, die um Spenden für Mundschutz, Handschuhe und Leichensäcke baten. Die Technik der Schlepper war einfach: Sie gingen selbst nie auf die Boote, sondern drückten einem Flüchtling ein Handy und ein Messer in die Hand. Auf dem Handy war die Nummer der griechischen Küstenwache/Seenotrettung eingespeichert. Wenn die griechische Insel in Sicht kam, sollte mit dem Messer eine Kammer des Schlauchboots aufgestochen und mit dem Handy ein Notruf abgesetzt werden. Die Griechen mussten die schiffbrüchigen Flüchtlinge dann nach dem Seenotrecht retten.

So kamen Hunderttausende zuerst auf die Inseln der Ägäis nahe der türkischen Küste (Lesbos, Kos, Leros, Samos), dann weiter nach Athen, wo sie die Behörden zunächst ganz einfach freiließen. Sie machten sich auf den Weg zur griechischen Nordgrenze – hauptsächlich nach Nordmazedonien, von dort weiter nach Serbien, Ungarn und nach Österreich. Außenminister Kurz vereinbarte mit dem damaligen nordmazedonischen Premier (der heute nach Ungarn geflüchtet ist) die Schließung der Grenze zu Griechenland – bravo, Schließung der Balkanroute gelungen! Kurz ist der Held.

Zwei wesentliche Dinge fielen dabei unter den Tisch: Das hätte nicht lange gehalten, denn auf der griechischen Seite der Grenze stauten sich bis zu 160 000 Flüchtlinge. Das hätte zu dramatischen Szenen geführt (Kurz hatte die Griechen auch wohlweislich nicht zu seiner Konferenz eingeladen). Vor allem aber hatte zu dem Zeitpunkt längst die große Verhandlung zwischen Merkel (im Auftrag der EU) und Erdoğan begonnen, die am 16. März auch abgeschlossen wurde: Die EU zahlte der Türkei sechs Milliarden Euro, um zu verhindern, dass die Boote von den türkischen Küsten ablegten. Es funktionierte: Die Bootslandungen ließen bis heute dramatisch nach, und das Geld wurde von der Türkei großteils in die Versorgung der Flüchtlinge gesteckt.

Kurz wusste, dass diese Verhandlungen im Gange waren. Je nach Betrachtungsweise kann man sagen, er hat sie antizipiert, oder er hat quergetrieben.

Gerald Knaus, Chef des Thinktanks European Stability Initiative (ESI), der einen gewissen Anteil an dem Plan hatte, sagte damals: »Der Einbruch bei den Flüchtlingszahlen kam erst durch den Deal mit der Türkei, der zeitgleich passierte.«

Ich hatte vor dem »Westbalkan-Gipfel« ein Gespräch mit Kurz über diese Thematik und schilderte ihm dabei das oben skizzierte Vorgehen der Schlepper, die Überforderung der griechischen Behörden und auch die Tatsache, dass ich im Polizeigefängnis einer der Inseln nicht nur Syrer, sondern auch Flüchtlings- und Migrantenfamilien aus weiter entfernten Ländern wie dem Senegal und Bangladesch angetroffen hatte. Aber ich merkte: Details interessierten ihn nicht wirklich.

Es ging ihm immer um die Wirkung, um das Signal, um den politischen Nutzen. Das zeigte sich auch später bei großen Themen, wie bei der Reform der Gesundheitskasse, bei der Bekämpfung der Coronapandemie, bei der Kürzung der Familienbeihilfe für Ausländer, bei den Abkommen über die Lieferung von russischem Gas. Es sollte auf den ersten Blick gut aussehen, Nachhaltigkeit und Details nicht so wichtig.

So war die Zusammenlegung der Krankenversicherungen mit dem Slogan »Wir ersparen uns eine Patientenmilliarde« nach dem heutigen Urteil der FPÖ-Sozialministerin Beate Hartinger-Klein eine »reine PR-Aktion«; die Familienbeihilfekürzung wurde voraussehbar aufgehoben; Österreich viel zu sehr an das Russengas gebunden – und die Coronamaßnahmen waren anfangs berechtigt, dann aber immer absurder (»Russland liefert Sputnik-Impfstoff«, »Die Pandemie ist vorbei« vor einer zweiten Welle usw.).

Besonders das Corona-Gemurkse mit lächerlichen PR-Maßnahmen wie dem »Babyelefanten« als Abstandshalter ließen bei der Bevölkerung die ersten Zweifel an der Regierungskunst von »Basti Fantasti« (so die ironische Verballhornung seines Vornamens) aufkommen. Die bekannt gewordenen Chats mit seinem Vertrauten Thomas Schmid und anderen ließen dann die Zweifel stärker werden – bis durch ein Ultimatum des grünen Koalitionspartners an die ÖVP Schluss war mit Sebastian Kurz als Kanzler. Seither der übliche Weg – Abgang in die »Privatwirtschaft«, Zusammenarbeit mit dem Immobilien-Jongleur René Benko, durch den viele viel Geld verloren. Und eine Reihe von Strafverfahren, von dem das erste mit einer (nicht rechtskräftigen) Verurteilung ausging.

Kurz ist der vorläufig letzte »Erlöser«, an den ein nicht unbeträchtlicher Teil der Wähler ihr Herz und ihre Hoffnungen gehängt haben – und enttäuscht wurden.

KAPITEL 5

Das große digitale Geschrei.

Nation der Gefühle und Kampfbegriffe. Antisemitismus reloaded.

Im Juni des Jahres 2024 erhielten mehrere Journalisten diesen Text (mit je nach Empfänger geringfügigen Änderungen):

»Liebe Politik- und Medien-Menschen, die Politikwissenschaftlerin und Rechtsextremismusexpertin Natascha Strobl ist wieder einmal Opfer eines Shitstorms auf Twitter/X. Sie wird wegen ihrer wertvollen und unverzichtbaren wissenschaftlichen Arbeit attackiert, beschimpft, pathologisiert und wegen irrelevanten Dingen wie ihrer Stimme, ihrem Aussehen oder ihrer Psyche beleidigt und gedemütigt. Leider erfährt sie durch österreichische Meinungsmacher*innen kaum Unterstützung. Bitte positionieren Sie sich klar auf Nataschas Seite und geben Sie ihr Rückendeckung! Positionieren Sie sich laut und deutlich gegen den Hass und die Misogynie.«

Eine Mobilisierung im Netz gegen eine Mobilisierung im Netz. Natascha Strobl ist links, kein Zweifel. Sie ist aber auch eine wissenschaftlich anerkannte Politikwissenschaftlerin mit dem Fachgebiet Rechtsextremismus. Mit ihrem Buch *Radikalisierter Konservatismus* von 2021 hat sie einige Beachtung gefunden. Aber sie hat sich auch Kritik eingehandelt, nicht nur von ganz rechts – aber rechtfertigt das solche Hassbotschaften wie die von »Krawallo« auf X (vormals Twitter): »Nur keine falsche Zurückhaltung bei solch einem Menschen … Es ist kein Platz mehr für solche Menschen.«

Nicht nur Linke, auch Rechte, Gemäßigte, Liberale oder überhaupt Personen, die in der Öffentlichkeit stehen, können mir nichts, dir nichts in einen Shitstorm geraten. Sind wir zu einer Nation der Gefühle und Kampfbegriffe geworden? Wobei gefühlt die Rechten aktiver im Netz sind – und massiver in ihrer Sprache. Wie auch immer – das Geschrei in den sozialen Medien, die digitalen Wutanfälle und *rants*, das ungenierte Ausleben der eigenen »Meinung« hat epidemische, wenn nicht pandemische Formen angenommen (nicht umsonst traten während der Coronapandemie gehäuft Shitstorms auf). Man kann sagen, das digitale Geschrei ist zu einer gewissen Plage geworden.

Gibt es Abhilfe? Der Oberste Gerichtshof hat in einer bahnbrechenden Entscheidung festgehalten: Wer bei einem Shitstorm mitmacht, muss zur Verantwortung gezogen werden – mit kostspieligen Konsequenzen.

Der OGH hatte den Fall eines Tiroler Polizisten verhandelt. Dieser war in einen solchen Shitstorm geraten, nachdem er fälschlich beschuldigt worden war, bei einer Demonstration im Jahr 2021 Gewalt gegen einen betagten Teilnehmer angewendet zu haben. Der OGH entschied nun, dass das Opfer eines Shitstorms »nicht zu jeder von ihm erlittenen Kränkung oder Gefühlsbeeinträchtigung, etwa durch Konfrontation damit in seinem Umfeld, die konkrete ›Quelle‹ der herabsetzenden Äußerung als Ursache benennen und belegen muss. Es genügt der Nachweis des Klägers, Opfer eines Shitstorms gewesen zu sein, und dass sich der konkret belangte Schädiger daran rechtswidrig und schuldhaft beteiligt hat.« Die Geschädigten müssen also nicht nachweisen, wer im Einzelnen an der Schmähung beteiligt war, es genügt der Nachweis der Schädigung.

Das hieß im konkreten Fall: Der Hauptverursacher wurde zu einer Geldstrafe in Höhe von 3.000 Euro verurteilt. Laut OGH kann er versuchen, einen Teil der Strafe von über 400 »Mittätern« zurückzufordern.

Durch diese Judikatur ist zunächst einmal (in Österreich) die scheinbare Sicherheit innerhalb des »Hetzrudels« aufgehoben oder stark eingeschränkt. Ob es eine dämpfende Wirkung auf jene hat, die zuerst posten, bevor sie denken, wird sich zeigen. Ein erster Schritt in diese Richtung ist jedenfalls getan.

Zwar gibt es solide, durch Recherche gut abgesicherte Inhalte in der digitalen Welt, aber in der Mehrzahl fehlt es dem »Content« an Überprüfung, oder er leidet an Auslassung und Unvollständigkeit. Das kann weitreichende Folgen haben: So meinte die deutsche FDP-Politikerin Marie-Agnes Strack-Zimmermann anlässlich des EU-Wahlkampfes in einem Interview mit dem *Standard*: »Hans-Dietrich Genscher, Helmut Kohl, François Mitterrand, Jacques Delors, alles bedeutende europäische Politiker, welche die großen Antreiber und Ideengeber der gemeinsamen Union waren, hatten das Glück, dass es keine sozialen Netzwerke gab, sondern sie in Ruhe diese Union aufbauen konnten, ohne dass Sekunden später alles kaputtgeredet wurde, bevor es überhaupt an den Start ging.«

Der bekannte deutsche Politikwissenschaftler und Historiker Herfried Münkler (*Welt in Aufruhr. Die Ordnung der Mächte im 21. Jahrhundert*) entwickelte in einem Interview mit dem *trend* sogar eine faszinierende und treffende Theorie der TikTok-Welt:

»Nun bricht die Medienwelt um: Es gibt eine ungeheure Beschleunigung der Kommunikationsvorgänge und den Wegfall des Kuratierten, bis hin zu dem, was man seit Donald Trump eine postfaktische Welt nennt.«

Übersetzung: Jeder Blödsinn, jede Verschwörungstheorie bekommt ihr Forum und ihre Konsumenten.

Münkler konstatiert, »die Veränderung der Kommunikationskultur, das Sich-Abgewöhnen von *et audiatur altera pars*, die Bildung von Blasen über die Algorithmensteuerung, der Rückgang der Verkaufszahlen von Qualitätspresse etc. haben große Herausforderungen gebracht. Das ist ein ganz wichtiger Punkt, weil das Abwägen und das Argumentieren im Prinzip Modi der Überwindung von Gespaltenheit darstellen. Dazu kommt eine Verbitterung über ökonomische Ungleichheit, und Verbitterung ist im Prinzip der Feind der Bereitschaft, eine andere Sicht wahrzunehmen, die einem möglicherweise auch erklärt, wie man selber so tief in die Scheiße reingeraten ist.«

Wesentlicher Bestandteil dieser entgleisenden Debatte sind sogenannte »Kampfbegriffe«, mit denen herumgeschmissen wird. Mehr von rechts, aber auch von links. Es geht nicht mehr um das Abwägen und Argumentieren, von dem Münkler spricht, sondern um eine negative Bezeichnung, die man jemandem oder einer Gruppe umhängen kann. Im Folgenden versuche ich, ein paar dieser Kampfbegriffe zu benennen, aufzudröseln, zu hinterfragen.

Hausverstand. Der »Hausverstand« ist das letzte Argument jener, die nicht nachdenken wollen. Er kommt immer dann zum Einsatz, wenn jemand nicht begründen will, warum er sich bei einem umstrittenen politischen Thema so und nicht anders verhält. Auf den Hausverstand, speziell auf den »einfachen« Hausverstand, berufen sich vorzugsweise Politiker, die wissen, dass die Materie sehr kompliziert und sehr schwierig ist, die aber keine Lust haben, sich darauf einzulassen. Ursprünglich bedeutete er den praktischen Verstand, den Menschen von sich aus, »von Haus aus« haben, im Englischen den *common sense*, im Italienischen den *buonsenso*. In Österreich auch der »gesunde Menschenverstand«.

Hausverstand bedeutet im guten Sinn, dass man sich nicht unnötig in Gefahr begibt (etwa in durch Hochwasser und Hangrutschungen gefährdeten Gebieten keine Familienhäuser baut) und sonst im Alltag eine möglichst rationale Haltung einnimmt.

Inzwischen ist der Begriff aber durch Politik und Interessenvertreter gekidnappt worden. Die konservativen Parteien wie die ÖVP zum Beispiel verwenden den Slogan »Klimaschutz mit Hausverstand«. Das ist in der Übersetzung nichts anderes, als möglichst viele Klimaschutzmaßnahmen wie Tempolimit, Ende des »Verbrenners«, Stopp der Bodenversiegelung und zuletzt das Renaturierungsgesetz der EU zu bremsen, abzuschwächen und mit dem Hinweis auf künftige »technologische Lösungen« zu hintertreiben.

Es ist nicht zu leugnen, dass so einschneidende Maßnahmen, wie sie zur Bekämpfung des menschengemachten Klimawandels vorgeschlagen werden, mit einiger Wahrscheinlichkeit eine gewisse Belastung für die Betroffenen (etwa die Landwirtschaft) darstellen. Aber darauf kann man eine gewisse Rücksicht nehmen. Gruppen wie die Scientists for Future verlangen statt »Klimaschutz mit Hausverstand« einen solchen mit Sachverstand.

Generell muss man also skeptisch sein, wenn der »Hausverstand« in der politischen Debatte sein schlichtes Haupt erhebt. Derzeit bedeutet er meist nichts anderes als: Lass ma alles beim Alten.

Impfdiktatur. Im Jänner 2022 beschloss der Nationalrat mit deutlicher Mehrheit das Gesetz über die Covid-19-Impfpflicht. Sie war vom damaligen Bundeskanzler Alexander Schallenberg schon Ende November angekündigt worden, im Rahmen einer Klausur im Tiroler Ort Pertisau. Schallenberg meinte, da sich zu wenig Menschen impfen ließen, müsse man es eben verpflichtend machen. Hintergrund: Die Landeshauptleute hatten darauf gedrängt, die Impfpflicht einzuführen, um nicht schwerere Maßnahmen wie fortgesetzte Lockdowns vor ihren Wählerinnen und Wählern vertreten zu müssen. FPÖ-Obmann Herbert Kickl erklärte dazu, ab nun lebe man in Österreich in einer »Diktatur«. Es gab Demonstrationen der Impfgegner in ganz Österreich, davon eine in Wien mit 40 000 Teilnehmern. Einige trugen gelbe Judensterne mit der Aufschrift »ungeimpft«.

Der Witz an dieser »Impfpflicht« war allerdings, dass sie gar nie in Kraft trat. Sie wurde zunächst sozusagen auf Vorrat beschlossen und sollte erst im Fall des Falles »scharf gestellt« werden. Schon nach wenigen Monaten begannen aber die ersten Landeshauptleute, an ihrer eigenen Erfindung zu zweifeln, und drängten auf eine Aufhebung des Gesetzes, das dann auch im Juni 2022 auslief, ohne jemals angewendet zu werden. Trotzdem hielt und hält sich unter Impfskeptikern, die einen nicht unbeträchtlichen Teil der Bevölkerung ausmachen, der Begriff »Impfdiktatur«. Das hat auch damit zu tun, dass im November 2021, als eine besonders starke Covid-Welle durchs Land ging, ein Lockdown nur für Ungeimpfte beschlossen wurde – der allerdings kaum überprüft wurde und an den sich kaum einer hielt.

Dieses Bündel von halbherzigen und daher sehr österreichischen Maßnahmen hatte jedoch bis heute weitreichende Folgen: Bei vielen Leuten und vor allem bei FPÖ-Anhängern entstand der Eindruck, der Staat sei gegen sie, wolle ihre persönliche Freiheit einschränken und behandle »die Ungeimpften wie Aussätzige« (Kickl). Der Blog dieSubstanz.at wies nach, dass bei den Europawahlen 2024 die FPÖ in Bezirken mit besonders niedriger Impfrate die höchsten Ergebnisse hatte.

Schwurbler. In der Debatte um die Coronamaßnahmen bildete sich bald der Begriff »Schwurbler« für mehr oder minder rabiate Gegner der Maßnahmen heraus. Das betraf auch Leute, die die Existenz und die Gefährlichkeit einer Pandemie überhaupt leugneten, die Infektionskrankheit, die weltweit rund 15 Millionen Tote forderte, ein »Gripperl« nannten; die meinten, man könne sich auf sein »gesundes Immunsystem« verlassen oder im Notfall das Mittel Ivermectin nehmen, das einerseits für die Entwurmung von Pferden, andererseits sehr wohl zur Bekämpfung von Parasiten bei Menschen in den Tropen angewendet wird – allerdings in einer Dosis, die für die Bekämpfung von Covid viel zu hoch wäre. Die Wissenschaftsplattform Cochrane Library kam zu dem Schluss, dass es keine Studien gäbe, die eindeutig die Wirkung von Ivermectin bei der Behandlung einer Covid-Infektion belegen würden.

Als »Schwurbler« wurden und werden auch Leute bezeichnet, die sich Verschwörungstheorien hingaben, wie etwa, dass der Milliardär Bill Gates dafür gesorgt habe, dass bei der Impfung ein winziger Chip eingesetzt werde, um die Menschen besser kontrollieren zu können. Oder solche Pseudowissenschaftler wie der Mediziner Sucharit Bhakdi, der – unter anderem bei einer Veranstaltung der FPÖ im April 2024 – behauptete, die Covid-Impfungen lösten millionenfach schwere Schäden aus und die Wirkung von Impfungen gegen Kinderlähmung sei »unbewiesen«. Dafür wurde er vom Gastgeber Kickl als »Lichtgestalt« begrüßt.

Schwurbeln heißt ursprünglich »unklar daherreden, fantasieren«. Das trifft es im Fall von Covid nicht ganz, denn die falschen Behauptungen über die angeblichen schweren Schäden der Maßnahmen (»In den Spitälern mehr Impfopfer als Covid-Infizierte«, so die Medizinerin und FPÖ-Abgeordnete Dagmar Belakowitsch) wurden und werden ja zum Teil ganz bewusst gestreut.

Andererseits ist es auch unangemessen, Menschen als »Schwurbler« zu bezeichnen, die einfach nur unsicher sind und echte Zweifel haben – ohne irgendwelchen Verschwörungstheorien anzuhängen. Man sollte vielleicht eher von »Maßnahmengegnern« oder »Covid-Leugnern« sprechen und schreiben. Aber der Begriff ist nun einmal in der Welt und wird nicht so schnell wieder verschwinden.

Kriegstreiber. In der aktuellen Debatte eine groteske Umkehrung jeglicher Realität. Seit dem Überfall Wladimir Putins auf die Ukraine am 22. Februar 2022 werden diejenigen, die den Widerstand der Ukraine unterstützen – sowohl materiell als auch moralisch – von etlichen Teilnehmern der Debatte polemisch als »Kriegstreiber« bezeichnet. Im deutschsprachigen Raum kommen diese Polemiken sowohl von rechts außen – verschiedenen rechtsextremen Gruppen, AfD und FDP – wie von links und links außen: in Deutschland von der ehemaligen Linken Sahra Wagenknecht, die mit einer eigenen Liste antritt, aber auch manchen Kreisen in SPD und SPÖ, wo sich hartnäckig Sympathien für Russland halten. So waren etwa bei der Videoansprache des ukrainischen Präsidenten Wolodymyr Selenskyj im österreichischen Nationalrat im März 2023 viele SPÖ-Abgeordnete nicht anwesend.

»Kriegstreiber EU«? Das kann man sonntags in der *Krone bunt* lesen, aber auch quer durch das Internet. Die Erzählung geht so: Hätte die EU nicht 2013 mit der Ukraine einen Assoziierungsvertrag abgeschlossen, dann wäre sie nicht auf die Idee gekommen, sich aus dem russischen Einflussbereich wegzubewegen. Dann hätte Putin nicht einmarschieren müssen, um die abtrünnige Provinz »heim ins Reich« zu holen. Und wenn die USA und die EU und die NATO die Ukraine nicht unterstützten, könnte das Blutvergießen (nämlich das Bombardement von zivilen Zielen durch die russische Armee) schon längst zu Ende sein und … Und? Friede? Höchstens zu den Bedingungen von Putin. In Wirklichkeit wäre dann die Ukraine nicht einmal der Hauptgang nach der Suppe Krim, wie der tschechische Ex-Außenminister Karel Schwarzenberg schon 2014 sagte, sondern das Entrée zu einem noch üppigeren Bankett mit Estland, Lettland, Litauen, Moldawien und vielleicht einem Stück Polen auf der Speisekarte (dazu mehr in einem nächsten Kapitel).

Das Wort von den westlichen »Kriegstreibern« ist eine bemerkenswerte Verdrehung der Verhältnisse. Wer das verwendet, ist entweder ein naives (meist linkes) Opfer der russischen Desinformation oder ein zynischer (meist rechter) Anbeter eines autoritären Führers wie Putin.

Putinversteher. Man soll versuchen, einen Kontrahenten zu verstehen, seine Motivation, seine Ziele, seine Methoden. In dem Sinn muss man auch versuchen, das Unverstehbare zu verstehen, wie etwa die Motivation jugendlicher Islamisten, die in den Terror abrutschen. Aber Putinversteher bezeichnet jemanden, der versucht, eine Entschuldigung für den Aggressionskrieg des russischen Präsidenten zu finden: Er habe sich ja nur gegen eine Aggression der NATO wehren müssen (welche?), immerhin habe Russland ein Anrecht auf eine Einflusszone an seinen westlichen Grenzen (wo hört die auf?), und schließlich habe Putin doch im Jahr 2001 eine Rede vor dem Deutschen Bundestag gehalten, wo er eine Kooperation mit Europa anbot. Letzteres ist interessant: Die Rede enthielt eine entscheidende Passage, wo er Europa de facto empfiehlt, sich von den USA abzuwenden und stattdessen eine große eurasische Allianz mit Russland einzugehen. Es gibt genügend Menschen, zum Teil auch in hohen Funktionen in Österreich, Deutschland und anderen Ländern, die gerne auf dieses verkappte Unterwerfungsangebot eingegangen wären. Das sind die Putinversteher. Inzwischen hat Putin aber alle Flötentöne in eine aggressive Rhetorik umgewandelt und sagt es klar: Er betrachtet den Westen – inklusive Europa – insgesamt als den Feind Russlands.

Gutmensch. Eine verächtliche Bezeichnung für Leute, die in der Diskussion und im realen Leben nicht ohne ein gewisses ethisches und moralisches Gerüst auskommen wollen. »Gutmenschen« sind jene, die sich in der Betreuung von Flüchtlingen engagieren oder sonstige humanitäre Aufgaben übernehmen, die keinen unmittelbaren Nutzen bringen. Auch solche, die darauf achten wollen, dass in der Politik Prinzipien der Demokratie, der Liberalität, der Toleranz und Weltoffenheit nicht allzu sehr verletzt werden.

Neoliberal. Ein beliebter Vorwurf von linker Seite, wenn jemand Maßnahmen vertritt, die auf eine Stärkung der Marktwirtschaft, des Privateigentums und der Leistungsgesellschaft hinauslaufen. Der Neoliberalismus ist eine anglo-amerikanische Denkschule, die in den 80er-Jahren des vergangenen Jahrhunderts als eine Reaktion auf den angeblich überbordenden Sozialstaat entstand. Umgesetzt wurde er hauptsächlich von Margaret Thatcher und ihren konservativen Nachfolgern in Großbritannien. Tatsächlich mit wenig ansprechenden Ergebnissen. Die Privatisierung von Eisenbahnen, der Wasserversorgung und von Sozialwohnungen hatte überwiegend negative Effekte, was die Funktionsfähigkeit dieser Dienste betrifft. Seither ist »neoliberal« ein Schimpfwort – allerdings auch für vernünftige marktwirtschaftliche Maßnahmen, besonders in Österreich.

Kampfbegriffe bedingen natürlich oft eine gewisse gesellschaftliche Spaltung, eine Verwahrlosung des öffentlichen Diskurses. Das konnte letztlich nicht ohne Folgen für ein Thema bleiben, das in Österreich und Deutschland zugleich offiziell tabuisiert ist, aber trotzdem immer wieder an die Oberfläche drängt – der Antisemitismus.

Antisemitische Straftaten und Vorkommnisse nehmen sowohl in Deutschland wie in Österreich deutlich zu, entsprechende Kommentare sind in den sozialen Medien seit dem Hamas-Überfall vom 7. Oktober 2023 sprunghaft angestiegen. Motto: Das kann man jetzt wieder sagen.

Zum alten rechten ist ein auch nicht so neuer linker Antisemitismus hinzugekommen, den man eher als Anti-Israelismus und Antizionismus bezeichnen könnte, weil er sich über die Behandlung der Palästinenser durch die israelische Besatzungsmacht empört. Allerdings schwingt da traditioneller Antisemitismus – Stichwort »Juden haben zu viel Einfluss« – mit. Und der Slogan *Free Palestine from German Guilt*, also befreit Palästina von den deutschen Schuldgefühlen über den Holocaust, hat etwas besonders Perfides an sich.

Diese Art des Antisemitismus / -zionismus, die implizit das Existenzrecht Israels infrage stellt, konzentriert sich in Europa auf relativ kleine »progressive Zirkel«. Dahinter steht aber, oft zu wenig beachtet, der massive Antisemitismus in den türkischen und arabischen Zuwanderer-Communitys. Laut einer Studie der Parlamentsdirektion aus dem Jahr 2022 liegt der »manifeste Antisemitismus« in Form von rassistischen Äußerungen und Holocaustleugnungen bei etwa 15 Prozent (2018 waren es noch zehn Prozent gewesen). »Latenter Antisemitismus« konnte bei 32 Prozent festgestellt werden. 54 Prozent weisen keine antisemitischen Einstellungen auf. Die in einer »Aufstockungsgruppe« befragten Personen mit familiärer Migrationsgeschichte aus der Türkei oder aus einem arabischsprachigen Land legten durchgehend eine deutlich stärkere antisemitische Einstellung an den Tag als die österreichische Gesamtbevölkerung. Am deutlichsten wurde das beim israelbezogenen Antisemitismus.

Der frühere Präsident der Israelitischen Kultusgemeinde Ariel Muzicant formulierte das im Rahmen eines von mir geführten Interviews im Sommer 2024 folgendermaßen: »Wir haben seit der Waldheim-Diskussion und der dann entstandenen Zivilgesellschaft doch eine innere Entwicklung durchgemacht. Ich habe massiv gegen die ÖVP geschimpft und gewettert. Das wäre heute undenkbar, da die ÖVP, die Neos, eine ganze Reihe von Linken, also eine ganze Reihe von Kräften im Land, die man die Zivilgesellschaft nennt, heute meiner Meinung nach die Mehrheit in Österreich sind. Ich denke, dass Antisemitismus, wie er in den 1980er-Jahren noch gang und gäbe war, im heutigen Österreich in der Form nicht mehr möglich wäre. Nämlich der offizielle, von der Regierung, von den Machthabern ausgehende.«

Muzicant selbst war Opfer einer Pöbelei von Jörg Haider geworden, der bei einer Aschermittwochrede 2001 unter großem

Beifall des Publikums gesagt hatte: »Ich verstehe überhaupt nicht, wie jemand, der so viel Dreck am Stecken hat, Ariel heißen kann.«

Um das zu verstehen, muss man sich vergegenwärtigen, dass es eine Waschmittelmarke »Ariel« gibt (wäscht weiß – Dreck am Stecken). Der Gag-Schreiber von Jörg Haider, dem dieser »Witz« damals eingefallen ist, war Herbert Kickl.

Die Generationen, die Jörg Haiders Sprüche nicht miterlebt haben, haben sich eine neue, skeptische Haltung zu Israel zugelegt. Man meint, dass es für uns Österreicher und Europäer keinen Grund mehr gäbe, wegen des Holocaust Rücksicht auf die Israelis zu nehmen bzw. ihr Vorgehen in Gaza gutzuheißen.

Ein Aspekt an dieser Haltung ist nachvollziehbar. Die Österreicher (die Deutschen) jüngerer Generationen tragen tatsächlich keine Schuld an der Judenverfolgung unter den Nazis. Aber sie haben eine Verantwortung, dass so etwas oder etwas Ähnliches nicht wieder geschieht. So einfach ist das.

Weniger einfach ist die aktuelle Lage. Die Hamas hat am 7. Oktober 2023 einen Terrorangriff mit bestialischen Gräueltaten gestartet. Sie ist auch keine »Befreiungsbewegung«, sondern eine Mörderbande, die im ganzen Nahen Osten eine religiös-faschistische Diktatur errichten will.

Nur wird die Hamas nicht dadurch besiegt, dass man aus Gaza ein Trümmerfeld macht und die Zivilbevölkerung einem unvertretbaren Bombardement aussetzt. Auch die jahrzehntelange Besetzung des Westjordanlandes durch Israel und die landräuberische Siedlerbewegung sind ein Rezept für weiteres, immer größeres Unheil. Netanjahu und seine religiös-rechtsextremen Koalitionspartner sind ein Unglück für Israel.

Ari Rath, geborener Wiener und langjähriger Chefredakteur der *Jerusalem Post*, erkannte die Stoßrichtung Netanjahus schon früh. In einem Interview mit mir im Jahr 2011 meinte er: »Ich habe Netanjahu nie vertraut. Es heißt immer: Wartet nur, er wird schon mit konkreten Zugeständnissen herausrücken. Meiner Meinung nach hat er seine Position in den letzten Tagen noch viel mehr verschärft und gesprochen wie die Likud-Politiker und zum Teil auch wie Golda Meir und diese Hardliner der Arbeiterpartei: Die 1967er Grenzen, die kann man ja nicht verteidigen! Fürchterlich! Ich bin jetzt wirklich sehr, sehr besorgt, denn Netanjahu pokert auf eine zugleich gefährliche und unverantwortliche Weise.«

Rath meinte damals, Netanjahu, der damals schon Premierminister war, wolle die besetzten Gebiete letztendlich annektieren: »Und Israel wird dafür sicherlich noch sehr, sehr viel und teuer zahlen müssen, wenn das so bleibt. Das ist praktisch eine Kriegserklärung an die Palästinenser.«

Besuche in Israel waren immer Augenöffner. Die ungeheure Energie, die immer noch von dem Land und seinen Bewohnern ausgeht, der ungenierte, oft harsche Ton unter den Jungen, dazu die rührende Anhänglichkeit der immer weniger werdenden »Altösterreicher«, wenn man sagt, dass man aus Wien kommt. Das war lange Zeit die Mischung, die das Land für den Besucher aus Europa gekennzeichnet hat. Zuletzt, das heißt schon Jahre vor dem Hamas-Massaker und der verheerenden Reaktion der Regierung Netanjahu in Gaza, war eine immer größer werdende Verbitterung und Entfremdung innerhalb der israelischen Gesellschaft selbst zu bemerken.

Eine tief beeindruckende Begegnung war mit dem langjährigen Bürgermeister von Jerusalem, Teddy Kollek, einem Alt-Österreicher, dessen deutsche Sprache im Tonfall und Duktus klang wie von Arthur Schnitzler. Auch Kollek war ein Hardliner, der stets sagte, Jerusalem müsse ungeteilt bleiben. Die palästinensisch besiedelten Teile sollten Autonomie erhalten, aber als Ganzes müsse Jerusalem israelisch bleiben.

Kollek wurde vom damaligen Wiener Bürgermeister Helmut Zilk sehr umworben, zum Teil auch aus merkwürdigen Motiven. Zilk wollte, dass dem Chef der ihm verbundenen *Kronen Zeitung*, Hans Dichand, trotz der gelegentlich kaum verhüllt antisemitischen Ausrichtung die Gelegenheit geboten werde, einen »Friedensbaum« in Jerusalem zu pflanzen und zu diesem Zweck zu Kollek zu reisen. Daraus (und dem späteren Versuch, Dichand einen Preis der von Kollek gegründeten Jerusalem Foundation zu verleihen) wurde wegen verschiedener Widerstände nichts. Zilk reiste aber trotzdem zu Kollek, und da zeigte sich die für Zilk typische Doppelnatur: Bei der Feier zum Unabhängigkeitstag waren wir am Berg Zion in Jerusalem bei einer Parade von weiblichen Soldaten anwesend. Zilk, der wie wir alle in der Nachtluft des hochgelegenen Jerusalem ziemlich fror, sagte zu Kollek: »Geh, Teddy, kannst ma ned so a Mädl auf den Schoß setzen, damit mir warm wird?« Eine Stunde später machte er diesen Fauxpas mit einer Rede über die Beziehungen zwischen Wien und dem Judentum, bei der die israelischen Teilnehmer feuchte Augen bekamen, wieder gut.

Diese emotionale Bindung an Israel, die es bei einer bestimmten Generation von Politikern, Journalisten, Künstlern et cetera gab und gibt, ist im Schwinden begriffen. Eine jüngere Generation, die aber teilweise die Führungselite der Zukunft sein wird, sieht Israel nur noch als »kolonialistischen« Besatzer. Inzwischen ist der Prozess der Landnahme durch extreme israelische Siedler im Westjordanland so weit fortgeschritten, dass die vor über 30 Jahren im »Oslo-Abkommen« angedachte »Zweistaatenlösung« mehr und mehr unrealistisch scheint. Manchmal denke ich, dass aus Israel und den Palästinensergebieten angesichts der Entwicklungen irgendwann ein einziges großes Gebilde wird. Eine Föderation oder sonst eine Lösung, in der die beiden so eng miteinander verflochtenen Ethnien (Israel hat überdies 19 Prozent arabisch-stämmige Staatsbürger) miteinander auskommen müssen. Der Mythos von Israel als »dem« jüdischen Staat wird dann allerdings dahin sein.

KAPITEL 6

Macht-missbrauch mit Schmäh.

Eine kurze Theorie der Korruption in Österreich

Die Geschichte spielt in den 1980er-Jahren. Eine junge österreichische Frau ex-jugoslawischer Abstammung jobbte neben ihrem Studium als Model. Eines Tages sagte die Chefin der Modelagentur: »Kinder, wir fahren jetzt alle zu einem Fest auf ein Schloss im Weinviertel, da sind einflussreiche Leute, und ihr werdet es lustig haben.« Die Truppe fuhr tatsächlich zum Barockschloss Paasdorf, das dem Wiener Designer, Demel-Besitzer und Society-Tausendsassa Udo Proksch gehörte. Das Fest war schon im Gange, zu den prominenten Gästen gehörten Minister und wichtige Zeitungsleute. Die jungen Frauen von der Modelagentur waren offenkundig als Bonus für die wichtigen Männer gedacht. Aber ehe die Situation eskalierte, erschien der Vater der jungen Frau – ein früherer Militärangehöriger, der seinerzeit vor der Tito-Herrschaft geflohen war – und holte seine Tochter energisch heraus. Um seiner Aktion Nachdruck zu verleihen, hatte er seine Pistole mitgebracht. Hausherr Udo Proksch fühlte sich dadurch gar nicht gestört – eher im Gegenteil, denn Machos vom Balkan waren ganz nach seinem Geschmack; »Partisan!!!« war seine Lieblingsansprache an ex-jugoslawische Kellner. Proksch hatte einen ausgeprägten Hang zum Militär und zu Waffen. Er selbst hatte oft eine Pistole bei sich und schoss gelegentlich in die Luft, wenn ihm danach war.

Eben dieser Udo Proksch wurde später wegen sechsfachen Mordes im Zusammenhang mit einem massiven Versicherungsbetrug zu lebenslanger Haft verurteilt und starb im Alter von 67 Jahren im Gefängnis an den Folgen einer schiefgegangenen Herzoperation. Die Jahre vor seinem Prozess war er allerdings der Darling der regierenden SPÖ gewesen, die ihn auch lange gegen die Untersuchungen der »schwarzen« Justiz beschützte.

Parteipolitisch gestützter Machtmissbrauch, meist in Tateinheit mit Korruption, ist eine gewisse Konstante in der österreichischen politischen Landschaft, und wenn man sich heute vollkommen zu Recht über die Skandale der ÖVP und der FPÖ erregt, sollte man sich an die Zeit erinnern, in der die SPÖ tief in derlei Machenschaften verstrickt war, welche auch bedenkliche außen- und sicherheitspolitische Aspekte hatten.

Fast immer aber war ein bisserl der Schmäh dabei. So ein lässiger Aufruf zur politischen Gemütlichkeit, eine Aufforderung, dass man das doch alles nicht so ernst nehmen möge, denn das würden ja eh alle machen, und außerdem hätten wir ja auch unsere Hetz dabei. Auch der unter bedenklichen Umständen verstorbene »heimliche Justizminister« Sektionschef Christian Pilnacek, der (für die ÖVP) brisante Untersuchungen der Staatsanwaltschaft elegant behinderte, agierte wohl nach diesem Motto. Denn er übte seinen Einfluss gerne in geselliger Runde bei guten Weinen in guten Restaurants aus.

Heute empört man sich – zu Recht – darüber, dass unter dem ÖVP-Kanzler Sebastian Kurz fragwürdige Milliardenjongleure wie der gescheiterte Immobilientycoon René Benko begünstigt wurden oder wie in Begleitung von Industriellen mit Russland-Connections wie Siegfried Wolf Österreich in eine Gasabhängigkeit von Putins Russland geführt wurde; die Chats von Kurz, seinem engen Mitarbeiter und Freund Thomas Schmid sowie auch anderen Ministern wie Gernot Blümel sind Sittenbilder eines demokratisch fragwürdigen Machtmissbrauchs: Wir holen uns, was uns – unserer Ansicht nach – zusteht, wir besetzen alle Positionen mit unseren Günstlingen, wir sind der Staat (und die Wirtschaft und die Kultur und …).

Das war vor vier Jahrzehnten während der roten Regentschaft so, heute agiert Schwarz-Türkis nach diesem Prinzip. Dazu kommt jeweils eine kurze Phase des Einflusses der FPÖ, ermöglicht durch eine Koalition mit Rot oder Schwarz-Türkis, begrenzt durch die kurze Dauer und die Minderheitenposition – aber potenziell noch ärger.

Betrachtet man diese beiden, gut vier Jahrzehnte auseinanderliegenden Skandalkomplexe, dann zeigen sich eine Reihe von Gemeinsamkeiten:

1) Die schlimmsten Auswüchse traten jeweils auf, wenn eine Partei die ganze oder die ganz überwiegende Macht hatte. Die SPÖ hatte seit 1970 regiert, seit 1971 mit absoluter Mehrheit. 1983 war sie die ganz dominierende Kraft in der Koalition mit der Fünf-Prozent-FPÖ. Sebastian Kurz hatte 2017 seinen Koalitionspartner SPÖ ausgebootet, überzeugende 31,5 Prozent bei den Wahlen im Herbst geholt und galt ähnlich wie Kreisky als der neue Superstar. Sowohl Kreisky wie Kurz vermittelten das Gefühl, sie und ihre Parteien wären die dominierende Kraft im Lande. Der britische Publizist Lord Acton prägte die Sentenz: »Macht neigt dazu, zu korrumpieren; und totale Macht korrumpiert total.«

2) Sowohl die SPÖ der 1970er- und frühen 1980er-Jahre wie die Kurz-ÖVP um 2017–2019 setzten völlig ungeniert die Justiz zur Vertuschung des eigenen Machtmissbrauchs und zur Unterdrückung strafrechtlicher Verfolgung ein. Sie betrachteten die Justiz als Instrument der Macht. In beiden Fällen gab es jedoch Widerstand aus Justizkreisen, einmal schwächer, einmal stärker, aber es gab ihn.

3) Der Machtmissbrauch hatte in Form einzelner Personen auch einen grotesk-komischen Charakter. Er hatte etwas Verspielt-Österreichisches, Unernstes. Es war auch die Korruption der Kasperl.

Das sieht man besonders schön an der zugleich unterhaltsamen wie zwielichtigen Figur des Udo Proksch. Dieser wurde von der Sozialdemokratie seiner Zeit nämlich hauptsächlich deswegen gehegt, gepflegt und geschützt, weil er ihrer politischen Nomenklatur als Stimmungsaufheller und Partyclown diente, als Gastgeber von Entspannungsabenden nach des Tages harter politischer Mühe.

Udo Proksch war ein kleiner, dicker Mann, der eine ungeheure Energie ausstrahlte und mit seinem hyperaktiven Gehabe, seinen Einfällen, Verkleidungen und Späßen Menschen faszinierte. Dazu gehörten schöne Frauen, Mitglieder der Aristokratie und die lange mit absoluter Mehrheit regierenden Kreisky-Sozialdemokratie.

Wer mit Proksch zu tun hatte, beruflich als Journalist und / oder als Mitglied der »Szene« in den wenigen Hotspots dieser Zeit (*Oswald & Kalb*, *Hawelka*, *Altwien*, *Gasthaus Sommer*, heute *Plachutta* in der Wollzeile im ersten Wiener Bezirk), erlebte einen Instant-Psychologen, der sein Gegenüber blitzartig »fotografieren« konnte, sofort die Vorlieben, Stärken und Schwächen des anderen herausfand und sie nützte. Für die Bedürfnisse biederer sozialdemokratischer Politiker der Reihe unterhalb des Sonnenkönigs Kreisky hatte er einen untrüglichen Instinkt.

Aber auch Journalisten hatten es ihm angetan. Immer wieder lud er mich in seine Räumlichkeiten in einem oberen Stockwerk im Demel und ließ seine ganze, stakkatoartige Beredsamkeit auf mich los: Er könne mir Verbindungen zu den wichtigsten Leuten, Unternehmern wie Politikern, verschaffen, ich müsse nur sagen, dass ich »dazugehören« wolle. Er habe es ja auch zu etwas gebracht.

Er war der Sohn glühender Nationalsozialisten, trieb sich beim »Weltjugendfestival« in Moskau herum, studierte an der Universität für Angewandte Kunst und erzielte erste Erfolge als Brillendesigner für den Pionier der österreichischen Kunststoffindustrie Anton Anger. Er arbeitete hart an seinem Image als geniales Enfant terrible. Eine seiner clownesk-genialen Ideen war es, seinen Sohn Stefan Drusius Ingomar zu nennen, sodass sich die beiden letzten Vornamen mit »Dr. Ing.« abkürzen ließen. Er gründete einen Verein der Freunde der Senkrechtbestattung (um Platz zu sparen) und wollte andererseits eine Art abgesperrten Truppenübungsplatz gründen, auf dem echte Macho-Männer mit Sprengstoff und Waffen ihr Testosteron rauslassen hätten sollen.

1973 gelang ihm der Ankauf des heruntergewirtschafteten *K.u.K. Hofzuckerbäckers Demel*. In den prunkvollen Räumlichkeiten an der Wiener Nobeladresse am Kohlmarkt nahe der Hofburg richtete Proksch den *Club 45* ein, einen Treffpunkt für hauptsächlich sozialdemokratische Führungsfiguren aus Politik, Wirtschaft und Kultur. Zu seinen vertrauten Kameraden gehörte der frühere Berufsoffizier Karl Ferdinand (Freiherr von) Lütgendorf, der von 1971 bis 1977 parteiloser Verteidigungsminister in diversen Regierungen des Kanzlers Bruno Kreisky war.

Lütgendorf hatte seine Verdienste, vor allem um die Akzeptanz der sogenannten »Spannocchi-Doktrin« als Verteidigungsplan gegen einen Ein- oder Durchmarsch von Warschauer-Pakt-Truppen (etwa zu der Zeit wurde der »Polarka«-Plan bekannt, wonach sowjetische Truppen im Fall einer Aktion gegen Jugoslawien durch Ostösterreich marschiert wären).

Kleiner Exkurs: Die Spannocchi-Doktrin, benannt nach dem ebenfalls adeligen Bundesheer-General Emil Spannocchi, ist heute wieder von Interesse, da sie besagt, wie man mit relativ beschränkten Kräften geografische Schlüsselstellen in (Ost-)Österreich verteidigen könnte, ohne sich auf großflächige Aktionen gegen einen übermächtigen Gegner einzulassen. Diese Doktrin erfährt aktuelle Relevanz, da die Möglichkeit besteht, dass Russlands Neoimperialist Wladimir Putin noch Ambitionen über die Ukraine hinaus haben könnte.

Aber Udo Prokschs militärischer Freund Lütgendorf, der ihn auch Sprengübungen auf einem Truppenareal durchführen ließ, hatte auch eine fragwürdige Seite: Es gab den Verdacht, dass er in Waffenlieferungen an die syrischen und libyschen Diktaturen verwickelt war. Kreisky musste ihn dann nach vielen unbeherrschten Sagern nach Gutsherrenart entlassen. 1981 wurde Lütgendorf in seinem Geländewagen unweit seines Jagdsitzes in Niederösterreich erschossen aufgefunden. Die Umstände sprachen deutlich gegen einen Freitod.

Es gilt als sehr wahrscheinlich, dass Udo Proksch den Sprengstoff, der dann in dem »Fall Lucona« eine Rolle spielte, durch seine Lütgendorf-Verbindung zum Bundesheer erhalten hatte. Auch osteuropäische Geheimdienste kamen als Lieferanten in Betracht, denn Proksch hatte auch über einige Freunde Verbindungen dorthin.

Worum ging es überhaupt beim Fall »Lucona«? Die »Lucona« war ein Frachtschiff, das im Jänner 1977 im Indischen Ozean an einer der tiefsten Stellen gesunken ist. Und zwar durch eine Explosion am Schiffsrumpf. Dabei kamen sechs Matrosen ums Leben.

Die Ladung bestand angeblich aus einer Uranaufbereitungsanlage im Wert von 212 Millionen Schilling – versichert von Udo Proksch und anderen bei der der ÖVP zugerechneten Bundesländerversicherung. Die Versicherung (heute Uniqa) wollte nicht bezahlen und heuerte einen Privatdetektiv an. Es begann eine jahrelange Auseinandersetzung auf rechtlicher, medialer und politischer Ebene. Proksch und die SPÖ versuchten, den Fall als eine ÖVP-Intrige darzustellen, die eigentlich gegen den »roten Parvenue-Klub 45« (so ein Journalist) gerichtet sei. Sozialdemokratische Innenminister unterbanden eingehendere polizeiliche Untersuchungen. Als Beamte der Staatspolizei den Klub observierten, ließ sie der dort gerade tafelnde Innenminister Erwin Lanc wegweisen.

Von welcher grotesken Verblendung wir hier reden, zeigt ein Gespräch, das ich später mit dem damaligen Bundeskanzler Bruno Kreisky hatte: Er stellte in den Raum, dass »das sehr wohl eine Atomanlage hätte sein können, Herr Redakteur ... das Schiff hätte ja auch von einem israelischen U-Boot versenkt worden sein können ...« (die Israelis hätten so den Bau einer Atombombe für irgendeinen Staat in der Region verhindern wollen).

Was war der Wert des Udo Proksch für eine ziemlich mächtig gewordene Sozialdemokratie, die nun erstmals den Kanzler stellte und große, echte Reformvorhaben in die Wege leitete? Materiell ein relativ geringer. Von irgendwelchen massiven Geldflüssen an die SPÖ über Proksch ist nichts bekannt. Wenn man sehr verschwörungstheoretisch denkt, kann man die Kontakte von Prokschs Freunden zu östlichen Geheimdiensten (es ging da um Technologietransfer) als Grund annehmen. Aber auch das war kein ausreichender Grund. Sonst? Udo Proksch hatte sich übrigens gemeinsam mit anderen prominenten Künstlern und Szeneangehörigen für eine Wahlkampagne »Geschichten vom Dr. Kreisky« zur Verfügung gestellt. Bei einer kleinen Dankeszeremonie war Proksch dann an der Schulter des Kanzlers eingeschlafen.

Die Wahrheit ist wohl, dass Proksch den Funktionären und den »neuen Männern« der zur alleinigen Macht aufgestiegenen Sozialdemokratie einen Entspannungsraum abseits des Arbeiterbildungsheims in Gestalt des *K.u.K. Hofzuckerbäckers Demel* bot. Man war arriviert, man wollte was davon haben, man brauchte einen Raum, um sich zu treffen, Kontakte zu pflegen und diskret die Annehmlichkeiten des Etablissements zu genießen.

Als der »Lucona«-Skandal ausbrach und die ersten investigativen Storys erschienen, reagierten die Roten total paranoid – das war ein Komplott der schwarzen Reaktionäre, die über »unseren Udo« die SPÖ treffen wollten! Das ist der Hauptgrund, warum jahrelang alle Bemühungen der Justiz gegen Proksch unterbunden und/oder behindert wurden.

Auch der Koalitionspartner wurde eingespannt. FPÖ-Justizminister Harald Ofner befand (es gab eine von Kreisky eingefädelte SPÖ-FPÖ-Koalition von 1983–86) die juristische »Suppe« gegen Proksch als »zu dünn«. Aber es ging noch schlimmer. Der damalige Außenminister Leopold Gratz, SPÖ, ein häufiger Besucher des *Club 45*, schickte (auf Initiative von Proksch) den Generalsekretär des Ministeriums nach Bukarest, um eine Bestätigung abzuholen, dass es sich bei der Fracht tatsächlich um eine Atomanlage gehandelt habe. Dass die Papiere vom rumänischen Geheimdienst des kommunistischen Diktators Ceaușescu gefälscht worden waren, zeigt das ganze Ausmaß an außenpolitischer Peinlichkeit (und vielleicht Schlimmerem), in die sich die damalige SPÖ-Regierung von ihrem Liebling Proksch hatte treiben lassen.

Außer der sehr intensiv recherchierenden *Wochenpresse,* dem *profil* und dem *Kurier*, für den ich damals arbeitete, wurde Proksch von der österreichischen Presse recht pfleglich behandelt. Lange durfte auch die Justiz nichts gegen Proksch unternehmen. Die über ihn 1985 verhängte U-Haft wurde durch politische Interventionen wieder aufgehoben. Ein an der Jahreswende 1986/1987 erschienenes, sehr gut recherchiertes Buch des freiberuflichen konservativen Journalisten Hans Pretterebner, später kurz FPÖ-Abgeordneter, brachte aber den Umschwung.

Zugleich hatte sich auch mit dem Rücktritt von Kanzler Fred Sinowatz und der Aufkündigung der Koalition mit der FPÖ durch den neuen Kanzler Franz Vranitzky 1986 das politische Klima entscheidend geändert. Vranitzky hatte mit Korruption und fragwürdigen Beziehungen (auch in den eigenen Reihen) nicht viel im Sinn. Gleichzeitig hatte sich ein energischer Staatsanwalt – Hans-Christian Leiningen-Westerburg – in den Fall hineingekniet. Nachdem Proksch auf die Philippinen geflohen war und (nach einer wenig überzeugenden Gesichtsoperation) dann doch verhaftet wurde, ließ Leiningen-Westerburg mit einer Spezialfirma nach dem an einer sehr tiefen Stelle liegenden Wrack suchen und fand es auch. Die Explosionsspuren auf den Unterwasseraufnahmen ließen auf eine Sprengung von innen schließen (kleine Anmerkung: Dass ich damals im *Kurier* auf eine gegenteilige, entlastende Behauptung in der Proksch-freundlichen *Krone* kritisch hinwies, führte dazu, dass ein SPÖ-Justizfunktionär bei einem Vortrag ankündigte, man werde mich wegen Prozessbeeinflussung anklagen. Was auch geschah – ich wurde verurteilt.

Nutzte aber alles nichts. Proksch wurde 1991 schließlich wegen sechsfachen Mordes und Versicherungsbetrug zu lebenslanger Haft verurteilt. 2001 starb er im Gefängnis. Vorher hatte er mir und anderen aus dem Gefängnis noch lange, wirre Briefe geschrieben.

Die maßgeblichen Politiker, die Proksch geschützt hatten, vor allem Innenminister Karl »Charly« Blecha und Außenminister, später Nationalratspräsident Leopold Gratz, traten zurück, auch wegen einer anderen großen Affäre (»Noricum« – da waren Kanonen einer VÖEST-Tochter in nahöstliche Kriegsgebiete geliefert worden).

Das zeigte aber auch, dass es ohne Skandale abgeht, wenn an der Spitze ein Politiker wie Franz Vranitzky steht, dem zwielichtige Verbindungen fast körperlich zuwider sind. Vranitzky galt als ein »Nadelstreif-Sozialist«, weil er Ökonom und Banker gewesen war, ehe er Finanzminister und Kanzler wurde; er war eine Zeit lang auch in den Klatschspalten anzutreffen, aber er streifte nirgendwo an, wo der Kontakt bedenklich sein könnte. Showmäßiges Kasperltum hasste er: Noch als

Finanzminister sollte er gemeinsam mit Sinowatz bei einer Veranstaltung in der Wiener Stadthalle gemeinsam mit der Entertainerin Marlène Charell auftreten. Ein Berater hatte dem rundlichen Sinowatz einen Zylinder aufgesetzt, einen Spazierstock in die Hand gedrückt, und nun sollte er mit Charell Cancan tanzen. Vranitzky machte mit ein paar angedeuteten Steifer-Rücken-Bewegungen mit; als ihm Charell auch ihre Beine in den Arm legen wollte wie bei Sinowatz, flüsterte Vranitzky ihr zu: »Mit mir machen Sie das nicht!« Vranitzky traf sich lieber mit kritischen Schriftstellern wie Gerhard Roth oder Künstlern wie dem damals noch massiv umstrittenen Hermann Nitsch auf dessen Schloss Prinzendorf. Was die »Sauberkeit« betrifft: Er weigerte sich, im Steuerverfahren von Hannes Androsch zu intervenieren, obwohl er seine Karriere als dessen ökonomischer Mitarbeiter begonnen hatte.

Das war einige Jahrzehnte bevor sich das Klima grundlegend geändert hatte. Unternehmer wie René Benko fanden für ihre steuerlichen Anliegen unter Kanzler Kurz ein offenes Ohr. 2018 wären für einen Immobiliendeal (»Goldenes Quartier«) 50 Millionen Euro an Steuern fällig gewesen, Benko verlegte seinen Firmensitz ins heimatliche Tirol, und das dortige Finanzamt erließ dem *local boy* 14 Millionen an Steuern. Aus den bekannten Chats, die unter anderem der frühere Generalsekretär im Finanzministerium, Thomas Schmid, mit Kanzler Kurz (»Kriegst eh alles, was du willst«) oder mit Mitarbeitern tauschte (»Vergiss nicht – du hackelst im ÖVP Kabinett!! Du bist die Hure für die Reichen!«), geht zweierlei hervor: dass man für die Anliegen wichtiger Wirtschaftslenker mehr als aufgeschlossen war – diesmal ging es darum, dass der Industrielle Siegfried Wolf einen substanziellen Steuernachlass wollte und sich über seine »Verfolgung« durch die Großbetriebsprüfung beschwerte; und zweitens, dass unter den Akteuren der verschworenen Gemeinschaft junger Polit-Ehrgeizlinge – Kurz,

Schmid, Finanzminister Gernot Blümel – ein zutiefst unernster, spielerischer Ton herrschte, der dem Ernst der Staatsgeschäfte nicht angemessen war.

Was bei der ganzen Diskussion, ob das nun »privat« war oder nicht, unter den Tisch fällt: Die inkriminierten Chats wurden samt und sonders auf Diensthandys getätigt, es handelt sich um Ausrüstung staatlicher Funktionsträger, die da fröhlich über die Umstände ihres Jobs hin- und herchatteten. Es waren Minister und hohe Beamte, Verantwortungsträger in der Verstaatlichtenholding, keine Teenager mit TikTok-Sucht. Der tiefe Unernst der nach ihrer bevorzugten Anzugmode »slim-fit-Truppe« genannten Verantwortungsträger ist da spürbar. Sie führten sich teilweise auf wie unreife Jungs.

So höflich-beflissen Kurz manchmal im Umgang war – harte Konservative, entschlossene, *no-nonsense*-Unternehmer imponierten ihm. Leute wie der oberösterreichische Industrielle Stefan Pierer (KTM) oder eben Benko oder Sigi Wolf. Das hatte gelegentlich staatspolitische Folgen, deren Schwere man zunächst gar nicht zu erkennen vermochte. Nach dem Willen von Kurz hätte Wolf mit seinen ausgezeichneten Kontakten zu Russland und Putin (wieder) Aufsichtsratsvorsitzender der neustrukturierten Verstaatlichtenholding ÖBAG werden sollen. Es klappte aber dann doch nicht. Man war wegen der Kontakte zu Russland doch vorsichtig geworden; was sich angesichts der Auslieferung der österreichischen Gasinteressen an Russland, an denen Wolf schon vor Jahren mitgewirkt hat, wahrscheinlich angeraten war.

Ein Großteil der anhängigen Verfahren der Kurz-Ära ist nicht abgeschlossen, seine erstinstanzliche Verurteilung wegen falscher Zeugenaussage vor dem Untersuchungsausschuss (es ging um die Bestellung von Thomas Schmid zum Generaldirektor der ÖBAG) ist nur ein erster Schritt. An dieser Stelle muss die Unschuldsvermutung erwähnt werden.

Aber von politischem Machtmissbrauch kann man sprechen, wenn fragwürdige personelle und auch wirtschaftspolitische Grundsatzentscheidungen getroffen werden. Was dabei auch unter der »neuen Politik« von Kurz & Co. nicht ausblieb, ist der Versuch, eine kritische Justiz einzubremsen. Der tragisch verstorbene frühere Sektionschef und Generalsekretär im Justizministerium, Christian Pilnacek, hat ebenfalls viel zu viel seinem Handy anvertraut. Das legendäre »Wer vorbereitet Gernot auf seine Vernehmung?«, als es darum ging, dass der damalige Finanzminister Gernot Blümel im Zuge eines vermuteten Amtsmissbrauchs von der Wirtschafts- und Korruptionsstaatsanwaltschaft (WKStA) einvernommen werden sollte. Pilnacek konspirierte auch mit einem Oberstaatsanwalt, ob man nicht eben jene lästige WKStA an die Kandare nehmen solle, die ja einen »Putsch« plane. Das ging so weit, dass ihn Mitglieder der WKStA in einer legendären Sitzung, wo es um die Einstellung eines brisanten Verfahrens ging (»darschlogts es«), heimlich mitschnitten.

Nur die Tatsache, dass das Justizministerium von einer grünen Politikerin besetzt war, gab der Korruptionsbekämpfung eine gewisse Chance (es war übrigens der Grünenchef Werner Kogler, der als Karenzvertretung von Justizministerin Alma Zadić 2021 den Sektionschef Pilnacek wegen vermuteten Verrats einer Hausdurchsuchung suspendierte).

Was passieren kann, wenn sich die Justiz – oder Teile der Justiz – instrumentalisieren lässt und wenn die Exekutive in der Hand unterdemokratisierter Politiker ist, hat man bei der Razzia auf das damalige Bundesamt für Verfassungsschutz und Terrorismusbekämpfung gesehen, als der FPÖ-Politiker Herbert Kickl in der türkis-blauen Koalition unter Sebastian Kurz Innenminister war. Kickl hatte schon 2016 einen Vortrag bei einem rechtsextremen Kongress in Linz gehalten (»Verteidiger Europas«), wo er sagte, er fühle sich vor diesem Auditorium wohler als im Parlament. Als er Innenminister wurde, sah er die Möglichkeit, den Verfassungsschutz, der auch eine sehr aktive Abteilung zur Überwachung und Bekämpfung des Rechtsextremismus hatte, in die Zange zu nehmen.

Den Vorwand dazu bot ein anonymes »Konvolut«, das mutmaßlich von einem enttäuschten Mitarbeiter des Verfassungsschutzes zusammengestellt worden war und hauptsächlich sexuellen Tratsch auch über hohe ÖVP-Sicherheitsbeamte enthielt. Das Konvolut lag schon monatelang in diversen Zeitungsredaktionen herum, die es wenig überzeugend fanden, bis Kickls Generalsekretär Peter Goldgruber fand, daraus könne man doch etwas machen. Er ging damit zu einer Staatsanwältin der WKStA, die jedoch zunächst meinte, da sei zu wenig Substanz (sie notierte allerdings ihren Eindruck, die Kickl-Gruppe wolle im Verfassungsschutz »aufräumen«). Erst als Goldgruber neue Zeugen präsentierte, darunter auch solche, die der Spionage für Russland verdächtigt wurden, beantragte die Staatsanwältin die Hausdurchsuchung im BVT.

Die ging unter Umständen vor sich, dass die damalige Leiterin der Rechtsextremismusabteilung vor einem Untersuchungsausschuss meinte, nun sei der »Tag X der Machtübernahme« angebrochen, von dem die Neonazis immer reden. Die Hausdurchsuchung war rechtswidrig, Kickl musste auch deswegen dann später das Amt verlassen.

Man muss summa summarum feststellen, dass die Justiz in Österreich nur eine relativ stumpfe Klinge im Kampf gegen den Machtmissbrauch ist. Ob »Lucona« oder »Hure der Reichen« oder Razzia auf den Verfassungsschutz – es wird von Parteien und Politikern, die übermächtig geworden sind, immer wieder versucht, den politischen Machtmissbrauch mit justiziellem Machtmissbrauch zu überdecken. Einzelne Reforminitiativen wie das Anti-Korruptions-Volksbegehren 2021, erarbeitet und propagiert von honorigen Experten und Politikern, bieten vernünftige Ansätze für Reformen.

Aber die wohlerprobte österreichische Manier des Machtmissbrauchs wird sich nur dann auf einen neuen Boden stellen lassen, wenn sich die gesellschaftliche und politische Großwetterlage ändert und die konsensuale Basis lautet: Machtmissbrauch und Korruption haben in der österreichischen Politik keinen Platz.

KAPITEL 7

Gehört Österreich zum Westen?

Entscheidung für die EU – Zeuge der großen Wende in Osteuropa

Es war finstere Nacht in Brüssel. Genauer gesagt, die zweite Nacht der Verhandlungen über Österreichs EU-Beitritt im Februar 1994. Wir Journalisten lungerten in der österreichischen Vertretung bei der EU herum und waren schon etwas streichfähig, manche schliefen in den Sesseln, zugedeckt mit einem großformatigen Blatt eines britischen Pressezaren: *The European* (längst eingegangen). Da, es war um Mitternacht, erschien Delegationsleiter Außenminister Alois Mock im Pressesaal. Er sah aus wie der Tod, die unglaublich zähen Verhandlungen hatten ihm, zusammen mit seiner schon fortgeschrittenen Parkinsonerkrankung, schwer zugesetzt. Tatsächlich war er einmal mitten in den Verhandlungen zusammengebrochen, die dann vom Finanzminister Ferdinand Lacina (SPÖ) zeitweilig fortgeführt wurden. Mock referierte, dass der Stand der Verhandlungen nicht gut sei, es könne auch ein Scheitern geben. Aber dann bäumte sich der sichtlich gezeichnete Mann, dessen politisches Herzensprojekt in größter Gefahr schien, noch einmal auf und rief: »Wir können diesmal scheitern, aber wir werden nicht aufgeben! Wir werden unser Europa erreichen!« Wir Journalisten dachten, nun sei alles vorbei. Aber eine Nacht und einen Tag später war alles erreicht, ein strahlender Mock präsentierte im EU-Ratsgebäude nach 72 Stunden Verhandlung gemeinsam mit Kommissionspräsident Jacques Delors die erzielte Einigung. Zwischendurch drückte er der EU-Staatssekretärin Brigitte »Gitti« Ederer ein Busserl auf die Wange: »Sie war unser Maskottchen …«

Ein ärgerer Fall von Patriarchalismus ist eigentlich kaum denkbar. Heute würde Alois Mock nach so einer Aktion vor das internationale Feministinnengericht kommen, wenn es so eines gäbe. Aber das war einfach Alois Mock, wie er leibte und lebte – ein sehr traditioneller niederösterreichischer

Christlichsozialer, keineswegs ein *male chauvinist,* aber jemand, der eine (sozialdemokratische) Frau nicht ganz ernst nehmen wollte. Gleichzeitig aber ein Politiker von höchster Disziplin, selbstaufopfernd – und mit der seltensten Eigenschaft von allen: einer Vision.

So aus der Zeit gefallen Mocks Maskottchen-Sager heute anmutet, es ging in diesen nächtlichen Verhandlungen und im ganzen politischen Vorlauf in Wahrheit um ein Schicksalsthema: Gehören wir zum Westen?

Darum ging es letztlich beim EU-Beitritt. Selbstverständlich um die wirtschaftliche Teilhabe an einem ganz großen Markt mit Reisefreiheit, internationalem Austausch und all dem.

Aber in Wirklichkeit, in der Tiefe des strategischen, ja des politphilosophischen Denkens ging es um viel mehr: Österreich sollte mit dem EU-Beitritt endgültig zum »Westen« gehören.

In Wahrheit ging es darum, ob wir im Inneren ein mehr oder weniger westliches System (freilich mit einem hohen Anteil an Staatseinfluss) haben, in der Außenbeziehung aber immer wieder über die Schulter nach Osten schielen und uns den Wünschen des großen russischen Reiches fügen. Lavieren und manövrieren wir (weiter), oder verankern wir uns – bei aller Beachtung der Rolle des großen russischen Reiches – fest im demokratischen, rechtsstaatlichen, liberalen, toleranten und fortschrittlichen Westen.

Darum geht es übrigens auch heute, nachdem eine EU-feindliche, Russen- oder vielmehr Putin-freundliche Partei wie die Kickl-FPÖ bei den Europawahlen erstmals den ersten Platz bei einer bundesweiten Wahl erreichte; und auch schon mit einiger Aussicht auf Erfolg den Anspruch auf diesen Platz und die Herrschaft über Österreich bei den Nationalratswahlen stellt.

Mock war sich im Klaren, dass Österreich »nach Europa« musste, wenn es in der sich entwickelnden Welt seinen Wohlstand und seine sichere internationale Stellung behalten wollte. Genau dasselbe dachte Kanzler Franz Vranitzky, der mit Mock damals eine »Große Koalition« bildete. Selbstverständlich waren die wirtschaftlichen Überlegungen ein wichtiges Motiv dafür, dass beide – zuerst in den eigenen Parteien, dann in ganz Österreich – für den EU-Beitritt warben.

Diese Überlegungen konnten gar nicht unterschiedlicher sein. Alois Mock, ein traditioneller Konservativer aus einem kleinen Ort in Niederösterreich, der aber seine internationalen Reden abwechselnd auf Französisch und Englisch halten konnte. Mock war aber ein Konservativer im besten Sinn – er wusste, dass man etwas verändern muss, wenn man etwas bewahren will. Er dachte allerdings wie so viele in der ÖVP, dass man mit einer »irgendwie doch bürgerlichen« FPÖ zusammengehen könne. Im Wahlherbst 1986 machte er kein Hehl daraus, dass er sich vorstellen konnte, mit dem neuen FP-Chef Jörg Haider zu koalieren. Das kam nicht zustande, weil Mock – auch wegen seiner erstmals richtig sichtbaren Krankheit – den Sprung zum Kanzler nicht schaffte.

Vranitzky war der Sohn eines sozialdemokratischen, dann kommunistischen Arbeiters aus einem Wiener Arbeiterbezirk, dem in Kindheit und Jugend der Abscheu vor dem nationalsozialistischen Regime eingeimpft worden war. Als Kanzler brach er mit dem Übervater Bruno Kreisky, der die SPÖ in eine Koalition mit der FPÖ geführt hatte. Vranitzky, der eindeutig nach Westen, auch in die USA orientiert war, kündigte diese Koalition auf, kaum dass sich Jörg Haider 1986 an die Spitze der FPÖ geputscht hatte.

In einem Buch, das ich damals im Vorfeld des EU-Beitritts über Vranitzky schrieb, konnte ich ihn zitieren: »Meine Sorge ist ja auch, dass uns unsere historischen Bindungen in die andere Richtung, in den Osten ziehen könnten. Das ist eine immense Gefahr.«

Österreich hatte damals zwei Staatsmänner an der Spitze. Heute wären solche notwendig. Putins Krieg (oder vielmehr Kriege) haben eindeutig gezeigt, dass wir einer existenziellen Bedrohung ausgesetzt sind. Der Mann im Kreml will das alte russische Imperium wiedererrichten (zu dem einmal, nebenbei gesagt, das Baltikum, Finnland und halb Polen gehörten); er will Europa unter seinen Einfluss bringen; und er will die Weltordnung des Westens brechen.

Der »Westen« – mit diesem Begriff verbinden sich liberale Demokratie, soziale Marktwirtschaft, *checks and balances*, Gewaltenteilung in der Machtausübung, gesellschaftliche Toleranz und Offenheit, ein Rechtsstaat, auf den Verlass ist. Im »Westen« werden die Regierenden nach ein paar Jahren in einem ordentlichen Prozess wieder abgewählt, es gibt keine »geliebten Führer«, die 25 Jahre und mehr an der Macht bleiben wie in Moskau, Peking oder irgendwelchen Drittweltstaaten. Im »Westen« gibt es persönliche Freiheit, keine Strafen für sexuelle Spielarten und keine Verpflichtung, ständig irgendwo aufzumarschieren, um dem geliebten Führer zu huldigen. Die Staaten des Westens vereinen sich freiwillig in Bündnissen und außenpolitischen Handlungsgemeinschaften, weil es in ihrem Interesse liegt und weil sie ihre Werte auch in der Weltpolitik absichern wollen. Da gibt es keine Zwangsgemeinschaften, und es wird kein Nachbar mit Krieg überzogen, weil das Imperium sich ausdehnen oder seine »angestammten Territorien« zurückholen will.

Österreich gehörte spätestens seit dem Staatsvertrag von 1955 zum Westen – man fühlte sich aber auch dem Osten verpflichtet. Die Neutralität und damit das Versprechen, sich nicht der NATO anzuschließen wie Deutschland, war der Preis für die Freigabe der Osthälfte des Landes durch die Sowjets. Das erzeugte bei den meisten Österreichern ein gewisses Gefühl der Verpflichtung – außerdem wollte man die große

Sowjetunion nicht verärgern, sondern sogar gute Geschäfte mit ihr machen. Zugleich war es nach den Katastrophen der ersten Hälfte des 20. Jahrhunderts nur verständlich, dass die Österreicher sich diesmal lieber heraushalten wollten.

Die Wahl zwischen dem Westen und dem bröckelnden Ostblock

Mit Ende der 1980er-Jahre begann aber in Europa eine zweifache Entwicklung, die zu einer Umstellung zwang: Auf der einen Seite begann Europa immer mehr zusammenzuwachsen, die Europäische Wirtschaftsgemeinschaft (EWG) verwandelte sich in die Europäische Union (EU). Die wiederum begann, sich zu erweitern.

Auf der anderen Seite zeigte der riesige Sowjetblock – die Sowjetunion mit ihren osteuropäischen Vasallen – erste Ermüdungserscheinungen und Risse. Wer damals in diese Länder, besonders in die Sowjetunion, reiste, konnte nur staunen, wie armselig das Leben in dieser gefürchteten atomaren Supermacht war. »Obervolta mit Atomraketen«, sagte der deutsche Kanzler Helmut Schmidt einmal und verglich damit die mächtige UdSSR mit einem afrikanischen Armenhaus-Staat. Die Bevölkerung der osteuropäischen »sozialistischen Länder« oder zumindest die dortige Bildungsschicht wollte in Wirklichkeit weg von der erstickenden Hegemonie der Russen – »wir wollen nach Europa!«, hörten wir immer bei Reisen mit dem damaligen ÖVP-Politiker Erhard Busek.

Die EU konsolidierte sich, der Sowjetblock begann, sich aufzulösen – wo war da der Platz von Österreich? Vranitzky und Mock entschieden, jeder auf der Basis seines Verständnisses von Demokratie und sozialer Marktwirtschaft, dass unser Platz in der »immer engeren Union« sein müsse. Natürlich wollte man es sich mit der mächtigen Sowjetunion nicht verscherzen – die VÖEST bauten dort ja Stahlwerke, und Humanic lieferte Schuhe, die in einer Nanosekunde in Moskau ausverkauft waren. Aber im Gegensatz zu manchen in der österreichischen Wirtschaft, jedoch auch in der SPÖ und auch eines sehr großen Anteils der Bevölkerung lag die Zukunft eindeutig nicht im zerfallenden sowjetisch-russischen System. Das war keineswegs selbstverständlich. Ich erinnere mich noch an eine TV-Diskussion, wo der damalige prominente SPÖ-Abgeordnete Josef Cap allen Ernstes eine Mitgliedschaft in der sowjetischen Comecon-Wirtschaftsgemeinschaft statt in der »kapitalistischen« EU in den Raum stellte.

Wer in jenen Jahren die Sowjetunion bereiste, konnte den Verfall des Giganten beobachten. Ein Staatsbesuch von Bundespräsident Rudolf Kirchschläger: Wir wurden Zeuge, wie auf dem Prominentenflugfeld Wnukowo der schwer beeinträchtigte Leonid Breschnew von seiner Leibwache aus der Staatskarosse praktisch herausgehoben und mit Hut und Mantel wie ein Kind angezogen werden musste. Später am Abend hatten wir im Kreml Gelegenheit, Kirchschläger zu fragen, was man denn auf der Fahrt nach Moskau hinein besprochen habe: »Der Herr Generalsekretär war sehr müde …«, sagte der Präsident diplomatisch.

In den Straßen von Moskau war der krasse Mangel sichtbar: Jeder Mensch trug ein Einkaufsnetz mit sich, für den Fall, dass es etwas, irgendetwas, zu kaufen gäbe. In den Lebensmittelgeschäften gab es ein paar verschrumpelte Karotten und massenweise Wodka. Völlig Fremde kauften gemeinsam eine Flasche und setzten sich vor dem Geschäft an den Randstein, um die Flasche sofort auszutrinken. In den Parks gab es kreisrunde Bretterzäune, hinter denen man Hunderte Männer, die sich am helllichten Tag betranken, blickdicht verbergen konnte. Ein Sinnbild für das Potemkinsche Dorf »Sowjetkommunismus«.

Demokratisches Osteuropa?
Treffen mit Lech Wałęsa und Václav Havel

In diesen Jahren erkannten ein paar weitsichtige Liberalkonservative, dass Österreich vielleicht eine Rolle auf seinem alten Spielfeld »Mitteleuropa« übernehmen könnte. Der ÖVP-Politiker Erhard Busek, der es für die ÖVP mit dem liberalen Kurs der »bunten Vögel« zu 34 Prozent (!) bei den Wiener Wahlen gebracht hatte, knüpfte intensive Kontakte mit den Dissidenten, mit der mehr oder weniger unterdrückten Opposition in Polen, Ungarn, der Tschechoslowakei, aber auch dem damaligen Jugoslawien und seinen Nachfolgestaaten.

Unvergesslich ein Treffen mit einem grantigen Lech Wałęsa im Pfarrhof seines Beichtvaters Prälat Henryk Jankowski, in Danzig Mitte der 1980er-Jahre. Die Geheimpolizei saß mit ihren Videokameras auf der Mauer des Pfarrhofs. Der Herr Prälat, eine Art Kirchenfürst in maßgeschneiderter Soutane aus feinem Tuch, hatte alles aufgeboten, was ihm möglich war: weiß gekleidete Mädchen zur Begrüßung, ein prachtvoll gedeckter Mittagstisch mit Weinkelchen aus einem besonderen, farbigen Glas, ein Pianist, der Chopin herunterdonnerte – und eine Gemäldegalerie an der Wand, die folgende Herren darstellte: Papst Johannes Paul II., vormals Karol Wojtyła (groß); den aktuellen polnischen Kardinal Józef Glemp (ziemlich klein); den Prälat Jankowski selbst (ziemlich groß); und den Marschall Józef Piłsudski, Sieger im Krieg 1921 gegen die Russen und späterer Autokrat (in Uniform, riesengroß).

Das Bildnis des Marschalls im Pfarrhaus bereitete uns darauf vor, was auch hinter der Demokratiebestrebung und der von Lech Wałęsa gegründeten Gewerkschaft »Solidarność« stand: der alte polnische Nationalismus und der virulente Hass gegen die Russen. Das Gespräch mit Lech Wałęsa brachte keine schlagzeilenfähigen Aussagen, er schien auch anfangs beein-

trächtigt durch seine mehrjährige Isolation während des Kriegs-
rechts, das Staatspräsident General Wojciech Jaruzelski einige
Jahre vorher ausgerufen hatte und wo man ihn wohl mit Psycho-
drogen traktiert hatte. Aber nach einer Weile brach der unbän-
dige Freiheitswille sichtbar durch: Mit vorsichtigen Worten, aber
mit klarer Bedeutung vermittelte er uns, dass das kommunistische Regime nur noch ein Koloss auf tönernen Füßen war.

Den ersten, überzeugenden Hinweis darauf hatten wir
tags zuvor in Tschenstochau erhalten. Wir besuchten diesen
Wallfahrtsort mit dem Bildnis der »Schwarzen Madonna« in
Südpolen. Wir erklommen den Hügel, auf dem die Wallfahrts-
kirche steht, sozusagen von hinten, und als wir nach vorne
traten, sahen wir auf der Ebene unter uns mindestens eine
Million Gläubige. Und es strömten auf den Straßen ringsum
noch immer mehr zu. Am Abend vorher hatten uns in Za-
kopane und Krakau einige der bekanntesten katholischen
Intellektuellen Polens – die geistige Elite des Widerstands –
aufgeklärt, dass Polen das einzige Land sei, in dem die
Religion stärker sei als die Diktatur: Nun glaubten wir es.

Die groteske Kehrseite dieses polnischen Katholizismus
als politische Propagandakraft hatten wir dann ein paar Tage
später erlebt: In Danzig führte uns Prälat Jankowski in die
Brigittenkirche, sozusagen die Heimpfarre der »Solidarność«.
An der Wand war eine Vitrine mit einer blutbefleckten Soutane
des Kaplans Jerzy Popiełuszko, der wegen seiner Unterstützung für »Solidarność« von der polnischen Geheimpolizei
ermordet worden war. Zwei Tage später besuchten wir, nun
in Warschau, die eigentliche Pfarre von Popiełuszko. Vor der
Kirche ein riesiges Marmormausoleum für den Ermordeten,
über und über mit Blumen bedeckt – und drinnen: eine Vitrine
mit seiner blutbefleckten Soutane. Wohl der echten.

Nachsatz: Die Mörder des Kaplans wurden – immer noch
unter dem kommunistischen Regime des Generals Wojciech

Jaruzelski – ausgeforscht, vor Gericht gestellt und zu langen (später gemilderten) Strafen verurteilt. Das war schon ein Zeichen, dass sich das KP-Regime nicht mehr über alles hinwegsetzen konnte (und wollte). Das Knistern im Gebälk des osteuropäischen Kommunismus wurde schon lauter.

In Österreich wurden die Initiativen Buseks zurückhaltend aufgenommen. Kanzler Bruno Kreisky hatte schon einige Jahre zuvor bei großen Streiks der »Solidarność« eine Rede bei den VÖEST in Linz gehalten, wo er sagte, die polnischen Kumpel sollten lieber mehr Kohle für das Stahlwerk herbeischaffen, als sinnlos gegen die Kommunisten zu streiken. Dem legendären Gewerkschaftspräsidenten Anton Benya erschien die Idee absurd, dass sich Gewerkschaftler wie Wałęsa während eines Streiks kniend bei der Beichte fotografieren ließen (ein berühmtes Foto: Wałęsa kniete vor der Tür des Mercedes, in dem Prälat Jankowski saß). Benya weigerte sich, den Vertreter Wałęsas und später demokratischen Ministerpräsidenten Tadeusz Mazowiecki zu empfangen. Die US-Gewerkschaften hingegen hatten »Solidarność« materiell unterstützt.

Busek sagte in einem Interview anlässlich 25 Jahren Zusammenbruch des Kommunismus in Osteuropa: »Die Entwicklungen wurden hier nicht verstanden. Botschafter sagten mir, ich würde mit meinen Aktivitäten Österreich schaden. Im Bericht unseres Botschafters in Polen vor dem Runden Tisch 1989 stand, dass die Kommunisten an der Regierung bleiben würden und man die Solidarność völlig vernachlässigen könne.«

Ähnlich alleingelassen und auf die eigene Initiative angewiesen war Karel Schwarzenberg. Die sehr begüterte Familie mit Besitz in Böhmen und der Steiermark hatte nach dem Krieg aus der Tschechoslowakei fliehen müssen. Schwarzenberg, politisch und kulturell außerordentlich interessiert, begann in den 1980er-Jahren, nach »Böhmen«, wie er es nannte, zu reisen und diskret die dortigen Dissidenten zu unterstützen. Das bedeutete unter anderem, die maschingeschriebenen »Samisdat«-Texte vervielfältigen und in Buchform unter die Leute bringen zu lassen. Besonders kümmerte er sich um den Schriftsteller Václav Havel, der 1979 in einem stalinistischen Prozess zu fünf Jahren Haft verurteilt worden war. Im Sommer 1987 fuhr eine kleine Gruppe von Journalisten und politisch Interessierten mit Schwarzenberg nach Prag, um, unter anderem, den eben erst wieder aus kurzer Haft entlassenen Havel zu treffen, dessen Motto »In der Wahrheit leben« der philosophische Kern seines Kampfes um Freiheit war.

Unter allerlei konspirativen Verrenkungen trafen Schwarzenberg und ich Havel in einem Haus am Stadtrand von Prag. Auch er war zunächst zurückhaltend einem westlichen Journalisten gegenüber, zögerlich – ehe er dann zu einer atemberaubend luziden Analyse der kommunistischen Herrschaft in der ČSSR ansetzte. Die KP sei hier besonders strikt und stalinistisch, kein Wunder nach dem »Prager Frühling« von 1968 mit dem Einmarsch der Warschauer-Pakt-Staaten. Aber die scheinbar eisenharten Machthaber wüssten insgeheim, dass sie keinen Rückhalt mehr hätten, vor allem aber sei die wirtschaftliche Situation untragbar, es sei alles nur noch absurdes Theater. Ich ging von dem Treffen weg mit dem Gefühl: »Das ist ein großartiger Mensch und Schriftsteller, aber als Oppositioneller hat er keine Chance.«

Etwas mehr als zwei Jahre später, im Herbst 1989, wurde das KP-Regime von der »samtenen Revolution« weggefegt, die Massen riefen »Havel na Hrad!« (»Havel auf die Burg«), und der Dissident saß im Präsidentenpalast auf dem Burgberg Hradschin.

Diese Reisen nach Osteuropa, auch nach Ungarn und in das damalige Jugoslawien journalistisch zu begleiten, war etwas, worüber es sich zu schreiben lohnt. Zumindest ich war zu dem Zeitpunkt schon mehrmals in den USA gewesen, dem damaligen Sehnsuchtsort junger Österreicher, aber bis auf einen Staatsbesuch in der damaligen Sowjetunion noch nie in einem osteuropäischen Land. Zu abweisend, zu armselig, ja, zu unsympathisch erschienen mir und anderen Kolleginnen und Kollegen diese schwerbewaffneten kommunistischen Armenhäuser. Wer damals in Böhmen und Mähren, in Südpolen oder an der Ostseeküste – und gar schon in der DDR – über die Länder fuhr, sah nur Armut und Vernachlässigung. Zusammenfallende Altstädte, schleißige Betonklötze als Neubauten, überall noch Spuren des Krieges – 40 Jahre später. In Ostberlin waren auf der Museumsinsel noch die Einschussspuren der russischen Maschinengewehre zu sehen, in Merseburg oder Weimar noch die grasüberwachsenen Ruinen der alliierten Bombenangriffe. Im Chemiezentrum Leuna dachten wir, es läge – im Oktober – Schnee auf den Dächern. Es war der giftige Ausstoß aus den Schloten der Chemiewerke. Das einzige attraktive Moment waren die Alleen, die die Landstraßen säumten, jetzt vermutlich wegen Verbreiterung abgeholzt.

Heute sind die Altstädte überall renoviert, das Wohlstandsniveau ist sichtbar angehoben, Prag hat dasselbe Pro-Kopf-Einkommen wie Wien, es sind Unsummen an EU-Geldern geflossen. Ergebnis: Man wählt rechtsextreme Parteien.

Wo immer wir bei all den Reisen in Osteuropa hingekommen waren, hörten wir von der dortigen Bildungsschicht: »Wir wollen nach Europa!« Für die Osteuropäer unter der Herrschaft der Sowjets bedeutete das Freiheit, Rechtsstaat, Entwicklungsmöglichkeiten statt Bevormundung, Unterdrückung und stupider Propaganda. Wir erlebten bei einer Reise mit Busek nach Ljubljana knapp vor der Unabhängigkeitserklärung die Motivation der Slowenen, sich aus Jugoslawien zu befreien: »Wir sind fast die Einzigen, die Devisen durch Export erwirtschaften. Wir haben keine Lust mehr, den serbischen Nationalismus und den Unterdrückungsapparat zu finanzieren«, sagte der Chef der kommunistischen Partei (!) und spätere slowenische Staatspräsident Milan Kučan zu uns.

Nur in der ehemaligen jugoslawischen Teilrepublik Serbien hörten wir es anders: Die dortigen dissidenten Intellektuellen sprachen weniger von Demokratie, sondern von »Serbentum«, von nationaler Größe. Einer unserer Gesprächspartner, ein baumlanger, bärtiger Dichter, der später unter dem Autokraten Milošević kurz stellvertretender Kulturminister war, meinte schroff: »Wir Serben haben die Türken besiegt, wir haben die Österreicher besiegt, wir haben die Deutschen besiegt, wir werden auch die Kommunisten besiegen, selbst wenn es eine Million Tote gibt.« So viele gab es dann in den ex-jugoslawischen Sezessionskriegen nicht, aber Blut ist genug geflossen.

Damals begegneten wir schon in Belgrad dem Nationalismus, der im heutigen Serbien wie auch in anderen osteuropäischen Ländern zu einer bedrohlichen Kraft geworden ist. Einer Kraft, die auch Europa bedroht.

Österreich wurde von der Entwicklung ab dem Wendejahr 1989 genauso überrascht wie alle anderen. Manche wollten es gar nicht glauben, dass Osteuropa nun nicht mehr auf ewig kommunistisch sei. Obwohl zu diesem Zeitpunkt bereits Michail Gorbatschow seit einigen Jahren sich mit Reformen der Sowjetunion abmühte – »Perestroika« (Umbau) und »Glasnost« (Offenheit) hießen die Schlagworte, an die man heute nur noch nostalgisch-ironisch denken kann.

Aber, und das ist jetzt der große Schwenk zurück, die österreichischen Regierenden oder zumindest die mit einer Vision hatten eigentlich schon begonnen mit einer Umorientierung hin zur EU, zu »Europa«, zum Westen.

Die Gleichzeitigkeit der Entwicklungen – der Kommunismus in Osteuropa bröckelt, Österreich wendet sich der EU zu

Die Ironie oder die List der Geschichte wollte es, dass Österreich am 17. Juli 1989 seinen »Brief nach Brüssel« abschickte, also seinen Beitrittsantrag zur EU. Nahezu gleichzeitig begann der »Eiserne Vorhang«, also die Stacheldrahtzäune und Wachtürme an der Grenze zu Österreich, Löcher zu bekommen – symbolische und tatsächliche materielle. In Polen, das den Anfang machte, hatte das Regime, wohl erkennend, dass seine Machtbasis zu schmal geworden war, einen »Runden Tisch« mit Lech Wałęsa, der »Solidarność« und der Kirche einberufen. Es war die erste Machtteilung, die unweigerlich zum Umsturz führen sollte. Wenn man in einer unhaltbaren Situation die Tür einen Spalt aufmacht, wenn man den eisernen Griff der Repression in einem totalitären System lockert, ist kein Halten mehr. Mit einer großen Ausnahme – Russland.

Zugleich bekam der Eiserne Vorhang tatsächlich Löcher. In Ungarn herrschte damals ein »reformkommunistisches« System. Kommunismus als Herrschaftssystem kann man nicht »reformieren«, er ist wegen seiner wirtschaftlichen und gesellschaftlichen Unattraktivität darauf angewiesen, jede Gegenbewegung gewaltsam unter Kontrolle zu halten. In Ungarn, wie in Polen, hatte man es trotzdem versucht. Im Mai 1989 begann Ungarn damit, die Grenzanlagen abzubauen – im Einverständnis mit Österreich. Außenminister Alois Mock und der ungarische Außenminister Gyula Horn öffneten in einem symbolischen Akt am 27. Juni 1989 bei Sopron / Ödenburg den »Eisernen Vorhang«. Es entstand das ikonische Foto, wo Mock und Horn den Stacheldrahtzaun (oder seinen Rest, links und rechts war nichts mehr) mit großen Stahlschneidern aufzwickten. Das KP-Regime in Ungarn dachte, mit normalen

Grenzwachen könne man Ein- und Ausreisen kontrollieren. Andere Hintergedanken gab es auch.

Im August kam es jedoch zu einem geschichtsträchtigen Ereignis an eben dieser Grenze, im Grunde eine österreich-ungarische Gemeinschaftsaktion der dritten Art. Im Sommer war Ungarn voll mit ostdeutschen Touristen, die vor allem am Balaton zu Tausenden Camping machten. Unter diesen DDR-Bürgern ließ die »Paneuropa-Union« des Kaisersohnes Otto von Habsburg Flugzettel mit einer Einladung zu einem »Paneuropäischen Picknick« an der ungarisch-österreichischen Grenze verteilen. Tatsächlich erschienen am 19. August 1989 Hunderte DDR-Bürger an diesem Grenzposten. Dort gab es noch einen Zaun. Und siehe, der öffnete sich wie durch ein Wunder, die ungarischen Grenzbeamten sahen auffällig diskret weg, und in einer wahren Stampede stürmten über 700 DDR-Bürger, meist ganze Familien, nach Österreich. Dort wurden sie von den österreichischen Behörden empfangen, registriert und im Laufe der Zeit in die Bundesrepublik Deutschland weitergereicht. Am 11. September beschloss die ungarische Regierung, alle DDR-Bürger über die Grenze nach Österreich zu lassen. Hunderttausend nutzten die Gelegenheit, und damit war in Wirklichkeit eine Entwicklung eingeleitet, die den Fall der Mauer brachte: Die DDR konnte ihre Bürger nicht mehr einsperren.

Ein Akteur der Geschichte namens Habsburg

Ausgerechnet Habsburg. Otto, der Sohn des letzten Kaisers Karl (am Thron 1916–1918), wurde in Österreich von den einschlägigen Kreisen sozusagen automatisch verehrt, zunächst aber von vielen anderen nicht besonders ernst genommen. Ich hatte ihn mehrfach interviewt und als ungemein höflichen, belesenen und mit einem unnachahmlichen Tonfall sprechenden alten Herrn kennengelernt. Unvergesslich ist mir seine Reaktion, als ich ihn bei einem Interview zu seinem 95. Geburtstag nach folgender Anekdote fragte: Otto von Habsburg und der altösterreichische Schriftsteller Joseph Roth lebten nach 1938 beide im Exil in Paris. Roth war Teil des habsburgischen Kulturerbes. Er hatte den unfassbar hellsichtigen Satz »Habsburg war eine kalte Sonne, aber eine Sonne« geprägt. Roth lief Gefahr, sich zu Tode zu trinken. Österreichische Aristokraten im Exil beschworen nun Otto von Habsburg, ihm als sein Kaiser sozusagen ins Gewissen zu reden. Mir erschien diese Geschichte vom Thronprätendenten, der seinem treuen Untertan, dem jüdischen Schriftsteller aus Brody in Galizien, das Saufen ausreden will, abenteuerlich skurril. Ich fragte von Habsburg danach, und er antwortete: Tatsächlich habe es dieses Treffen gegeben, und er habe Roth gebeten, mit dem Trinken aufzuhören. Ich konnte nicht widerstehen: »Und, hat er sich daran gehalten?«, fragte ich. »Selbstverständlich!«, antwortete Otto von Habsburg indigniert, dass man so etwas überhaupt fragen musste. Tatsächlich ist Roth im Mai 1939 im Alter von 44 Jahren an seinem Alkoholismus gestorben. Aber vielleicht waren es auch die Folgen eines vom Kaisersohn aufgetragenen Entzugs.

Otto von Habsburg hatte zum Teil ziemlich reaktionäre Ansichten, versuchte auch zu Zeiten Jörg Haiders, mit den Nachfolgern der Deutschnationalen, die eine erhebliche Mitschuld am Untergang der Monarchie hatten, ins Gespräch zu kommen (im Endergebnis vergeblich). Aber er dachte, wie manche Aristokraten, in langen geschichtlichen Abläufen. Noch vor der »Wende« in Osteuropa sagte er zu mir: »Sie werden sehen, auch die Sowjetunion wird einmal zerfallen. Es sind zu viele Völker gewaltsam in diesem Reich vereint.« Ich wollte das damals nicht recht glauben. 1991 war es dann so weit; die Balten, die Georgier, die zentralasiatischen Teil-republiken, sie alle wollten nichts wie weg – aber vor allem die Ukrainer, die wir im Westen eigentlich immer als fixen Bestandteil Russlands betrachtet hatten. Ein Irrtum.

Von Habsburg warnte dann im Jahr 2003 sehr hellsichtig vor den imperialistischen Ambitionen Wladimir Putins, der eben erst Präsident Russlands geworden war und im Westen noch als stabiler Partner angesehen wurde. Bei einem Vortrag in Bregenz sagte er, Putin sei eine »echte internationale Gefahr«. Er träume von der Wiedererrichtung des großrussischen Im-periums. Bereits 1990 hätten ihn antikommunistische Demons-tranten in Dresden gewarnt, es gebe da einen Russen, »der ist furchtbar, der ist grausam, der ist unterdrückerisch. Er heißt Putin.« (Der war damals KGB-Agent in der DDR.)

Jedenfalls war Otto von Habsburg in diesem Sommer 1989 in einem historischen Augenblick an einer historischen Stelle und half bei einem historischen Ereignis mit. Das sogenannte »Paneuropäische Picknick« war zwischen von Habsburg und dem ungarischen Staatsminister Imre Pozsgay abgesprochen. Ich hatte Pozsgay einmal in Budapest länger zu einem Gespräch getroffen und den Eindruck eines intellektuell brillanten bis leicht arroganten Mannes bekommen, der zuerst Stalinist, dann Reformkommunist, im Herzen aber ungarischer Patriot (mit nationalistischem Einschlag) war. Pozsgay wurde dann von einem deutschen Autor unter jene kommunistischen »Helden des Rückzugs« gezählt, die durch Zurückhaltung im entscheidenden Moment des großen Wandels ein furcht-bares Blutbad verhinderten: Gorbatschow, Jaruzelski und der fast unbekannte Pozsgay.

Von Habsburg und Pozsgay dachten sich offenbar: »Probie-ren wir es einmal.« Von Habsburg, beziehungsweise die NGO mit seiner Tochter Walpurga Habsburg Douglas an der Spitze, verteilten die Flugblätter an die DDR-Bürger, Pozsgay sorgte dafür, dass es an der Grenze nicht zu tragischen Vorfällen kam. Auf österreichischer Seite waren Mock und Vranitzky informiert. Wollten sie alle austesten, was möglich war? Vranitzky hat das Ereignis nachher eher heruntergespielt, er wollte wohl Moskau nicht provozieren, auch wegen der österreichischen EU-Ambitionen. Tatsache ist aber, dass dieser erste Massenausbruch aus dem »sozialistischen Lager« dann weitere nach sich zog (Tausende DDR-Bürger auf dem Gelände der deutschen Botschaft in Prag) und dass wohl, wie es Helmut Kohl später bestätigte, »Ungarn den ersten Stein aus der Berliner Mauer« schlug.

Tatsache ist auch, dass das alles – und Späteres – nicht ohne Einverständnis von Michail Gorbatschow in Moskau passieren konnte. Auch die Ungarn hatten sich zuerst bei Gorbatschow wegen des Abbaus der Grenzanlagen rückversichert. Als es dann zu gewaltigen Massendemonstrationen in Ostberlin, Prag und anderen osteuropäischen Städten kam, war ein entscheidender Faktor, dass Gorbatschow die dort stationierten sowjetischen Soldaten in der Kaserne ließ und keinen Schießbefehl erteilte.

»Die Russen« oder vielmehr die Sowjetunion oder noch genauer Gorbatschow waren es dann auch, die überzeugt werden mussten, wenn es um Österreichs Weg in die EU ging. Im Herbst 1988 reisten sowohl Kanzler Franz Vranitzky wie Außenminister Alois Mock nach Moskau, um die Haltung der Sowjetunion zum Beitritt abzutesten. Vranitzky hatte das schon öfter geschildert, er stieß zuerst beim russischen Premierminister Nikolai Ryschkow auf völlige Ablehnung im Hinblick auf die Neutralität. In Wahrheit hatte sich Gorbatschow offenbar schon mit dem Beitritt abgefunden, beziehungsweise konnte Vranitzky entsprechende Vorbehalte bei Ryschkow ausräumen. Beim letzten Gespräch mit Gorbatschow war vom Beitritt gar keine Rede mehr, Vranitzky erzählte nur, wie ihn

Gorbatschow sozusagen auf der Stiege beim Abschied fragte, wenn er Margaret Thatcher kenne, warum er dann in die EU wolle …

Auch Alois Mock stieß beim Treffen mit dem sowjetischen Außenminister Eduard Schewardnadse auf Zustimmung: »Ich bin mit Ihren Ausführungen zufrieden«, sagte er am Ende der Verhandlungen zu Mock.

Enttäuschte Hoffnungen für Russland

Gorbatschows Auftreten vor den ausländischen Besuchern war himmelweit von dem früherer sowjetischer Gerontokraten wie Breschnew oder Tschernenko entfernt. Wir Journalisten warteten (ohne spezielle Sicherheitskontrolle) in einem Raum des Kremls. Plötzlich öffnete sich die Tür, Gorbatschow kam herein und begann, auf uns Journalisten lebhaft einzureden. Es stellte sich leider heraus, dass kein Dolmetscher anwesend war und in unserer Delegation keiner genug Russisch konnte, auch der ORF-Korrespondent in Moskau nicht …

So blieb uns ein spontaner Gedankenaustausch mit Gorbi verwehrt. Die Atmosphäre in Moskau war damals spürbar anders. In der Delegation mit Mock konnten wir den sowjetischen Nuklearwissenschaftler und Dissidenten Andrej Sacharow treffen. Er galt als »Vater der sowjetischen Wasserstoffbombe«, hatte sich aber früh gegen das Wettrüsten gewandt und sich für Menschenrechte eingesetzt und dafür den Friedensnobelpreis bekommen. Er war der Gründer der NGO »Memorial«, die wertvolle Arbeit beim Aufarbeiten der Massenverbrechen Stalins leistete, aber dann von Putin zunächst als »ausländischer Agent« gebrandmarkt und dann ganz verboten wurde. Sacharow wurde 1980 unter Breschnew verhaftet und in ein internes Exil in Gorki unter KGB-Aufsicht geschickt. Gorbatschow ließ ihn dann wieder frei. Sacharow war in dem Gespräch mäßig optimistisch, was die Zukunft der Menschenrechte in der Sowjetunion betraf, und wirkte auch sehr geschwächt durch einen Hungerstreik in Gorki. Er war sehr skeptisch, was die Umgestaltung der sowjetischen Kommandowirtschaft betraf. Tatsächlich war der »Umbau« (Perestroika), unter dem sich Gorbatschow offenbar ein gemäßigt marktwirtschaftliches System mit starkem staatlichem Einfluss vorstellte, überhaupt nicht in das Bewusstsein der sowjetischen Bevölkerung, aber auch nicht in das der Eliten eingedrungen. Sie wussten nicht, was das sollte.

Ein paar Jahre später war ich bei einer hochinteressanten Veranstaltung, die am Moskauer Institut für Weltwirtschaft und Internationale Beziehungen (IMEMO) stattfand. Dorthin waren Funktionäre und Wissenschaftler aus österreichischen Arbeitnehmer- und Arbeitgeberkreisen gereist, um den Sowjets die österreichische Sozialpartnerschaft nahezubringen. Man erklärte der Elite der sowjetischen Wirtschaftskommandostruktur, wie man in der Nachkriegszeit in Österreich Sozialpartnerabkommen geschlossen hatte, um Löhne und Preise einvernehmlich zu steuern und in einem Geben und Nehmen jeweils auf die Interessen des anderen Rücksicht zu nehmen und so eine geordnete Wirtschaftsentwicklung zu garantieren.

Für die Vertreter der staatlichen Kommandowirtschaft und der sowjetischen Ausbeutungsideologie (auch gegenüber den osteuropäischen »Vasallen«) war das etwas völlig Neues. Man merkte ein gewisses Interesse an dem Konzept der Sozialpartnerschaft. Leider wurde diese Linie einer »gesteuerten und sozial abgefederten Marktwirtschaft«, die vielleicht segensreich auch für ein so großes Imperium gewesen wäre, nicht weiterverfolgt. Auf Gorbatschow folgte Boris Jelzin, und der machte zwei (oder eigentlich drei) dramatische Fehler: Er ließ sich von US-amerikanischen Beratern, die eine ultrakapitalistische, neoliberale »Schocktherapie« vertraten, in einen völligen Kurswechsel treiben. Die wertvollsten Teile der sowjetischen Industrie wurden »privatisiert«, das heißt an eine Reihe von neu entstandenen »Oligarchen« verscherbelt, die sich das alles in ihre privaten Taschen steckten. Diese Generation von Piraten ist zum Teil heute noch am Ruder, zum Teil haben sie sich aber mit Putin überworfen und wanderten für zehn Jahre in den Gulag oder starben an seltsamen Unglücksfällen. Aber im Russland von damals (und heute) gab (gibt) es keine Sozialpartner, sondern nur Geheimdienstler und Oligarchen. Manchmal in Personalunion.

Im Sommer 1998 fand in Salzburg ein sogenanntes »Wirtschaftsforum« statt, das der damalige Bundespräsident Thomas Klestil sehr aufwendig und energisch organisiert hatte, um dem World Economic Forum in Davos ein österreichisches Pendant entgegenzusetzen. Eines Abends stand ich mit einem russischen Journalistenkollegen auf der Terrasse des (nicht mehr geöffneten) *Gaisberghotels*, und er zeigte mir einen Tisch mit einem halben Dutzend der wichtigsten Oligarchen, an der Spitze der später mysteriös im Londoner Exil verstorbene Boris Beresowski, die dort mit Rotwein um Tausende Schilling die Flasche tafelten: »Schau sie dir an«, sagte er. »Da besprechen sie gerade, wie viel jeder für die Wiederwahl von Jelzin spenden muss.«

Die neoliberale Schocktherapie und das Piratentum der Oligarchen stürzten das damalige Russland in ein Chaos, dass Jelzin weder aus noch ein wusste. Auch wegen seines durch Alkohol geschwächten Gesundheitszustandes blieb ihm nichts anderes übrig, als den Ministerpräsidenten und KGB-Apparatschik als Präsidenten vorzuschlagen. Der unterschied dann zwischen (für ihn) guten oder schlechten Oligarchen und kehrte in Wirklichkeit zu der alten sowjetischen Kommandowirtschaft zurück. Und, scheibchenweise, zur alten russischen Repressionspolitik nach innen und zur Aggression nach außen. Ist das einfach so in Russland? Gibt es einfach nur die Politik des Befehlens und Gehorchens? Franz Vranitzky hat aktuell über die russische politische Mentalität und Regierungsmethode philosophiert: »Die russische Politik ist aufgebaut auf Kontrolle, Überwachung und Tyrannei. Diese Kräfte waren am Ende stärker als der liberale, westlich orientierte, demokratiebegeisterte Michail Gorbatschow. Die russische Grundphilosophie besteht darin, dem Volk und dem Staat eine Rolle zuzuschreiben, die weit über das Heute hinausreicht. Da werden die Russen als großes auserwähltes Volk gesehen, das einen Erlöser bräuchte. Das ist unter anderem der Hintergrund für den Ukrainekrieg. Diesen Kräften war Gorbatschow nicht gewachsen. Er ist in und an Russland gescheitert.« (*profil*)

Die chinesische Methode

Wie es gehen kann, ohne die politische Kontrolle zu verlieren, hat übrigens China vorgemacht. Auch hier gab es Kontrolle, Überwachung und Tyrannei, sogar ärger als in Russland, aber gleichzeitig verstanden es die chinesischen Machthaber, durch wirtschaftliche Lockerung die Grundbedürfnisse des Volkes zu befriedigen und die Massen aus der Armut herauszuführen. Unter Mao Tse-tung war in den 1950er-Jahren durch das völlig verrückte, forcierte Industrialisierungsprogramm »Der große Sprung vorwärts« (die Bauern sollten im Hinterhof Stahl in kleinen Öfen kochen) eine Hungersnot mit mindestens 30 Millionen Toten ausgelöst worden. Unter Deng Xiaoping begann eine zaghafte Lockerung, indem man privates Bauerntum zuließ. Auf dem Markt in Peking wurden uns in jenen Jahren stolz ein paar verkümmerte Karotten gezeigt, der Erfolg der »Teilentstaatlichung der Landwirtschaft«. Bei weiteren Besuchen ein paar Jahre später sahen wir die rasante Entwicklung des breiten Wohlstandes, der Technologie und der Urbanisierung. Als wir Anfang der 1980er-Jahre die »Sonderwirtschaftszone Shenzhen« in Südchina besichtigten, war es ein besseres Fischerdorf mit einer Baustelle. Heute ist es eine glitzernde Industriemetropole mit 18 Millionen Einwohnern.

Bemerkenswert die Mentalität, auf die wir immer wieder bei Begegnungen mit Angehörigen der mittleren Führungsschicht trafen: »Ja, wir sind arm, und der Westen hat uns immer unterdrückt und ausgebeutet. Aber wir haben eine 5000 Jahre alte Kultur, und in 50 Jahren werden wir euch überholt haben.«

Inzwischen ist man im Westen etwas vorsichtiger geworden, was die China-Euphorie betrifft. Damals, gegen Ende der 1980er-Jahre, herrschte allerdings helle Begeisterung über die vielfältigen Chancen in dem sich entwickelnden riesigen Markt. Bei so manchem Österreichbesuch kam es allerdings zu Vorfällen, die sich aus der Ignoranz über die chinesische Mentalität ergaben. So wurde ich Ende der 1980er-Jahre Zeuge, wie der damalige Bürgermeister von Wien, Helmut Zilk, in Peking eine Tischrede bei einem Bankett hielt, das von der österreichischen Botschaft für Hunderte chinesische Film- und Fernsehleute veranstaltet worden war. Zilk, der schon sehr gut aufgelegt war, begann damit, dass er – übersetzt von einem ausgezeichneten Dolmetscher – vom japanischen Botschafter in Wien erzählte, der sich in der Residenz ein Heurigenstüberl eingerichtet habe. Schon das erregte leise Unruhe, da die Chinesen nicht sehr gut auf die Japaner zu sprechen sind. Völlig konsterniert waren sie aber, als Zilk mit einem mörderischen Versprecher sagte: »Ich freue mich, hier in Tokio zu sein!« Er korrigierte sich gleich, glaubte dann aber offenbar, mit einem menschlichen Touch den Fauxpas gutmachen zu können, und begann zu erzählen, dass »meine Gattin, die Dagi«, ja als Sängerin in Lehárs Operette *Das Land des Lächelns*, die in China spielt, gesungen habe – »und da hat sie sich Schlitzaugen schminken müssen!«

Es gab noch ein bezeichnendes Nachspiel. Zwei Tage später waren wir in Shanghai und trafen dort wieder auf Zilk, der sich laut beschwerte, dass man ihn im Hotel zweimal in ein schlechteres Zimmer umquartiert habe. Ein alter Chinakenner, der dabei war, sagte nur trocken und völlig ernst gemeint: »Das war die Rache der Chinesen für die Schlitzaugen.«

Nur eine einige EU wird übrigens die Herausforderung eines machtbewussten und ausgreifenden China aufnehmen können. Davon war 1994 bei den Verhandlungen in Brüssel freilich noch nicht die Rede. Für die Österreicher ging es in diesen Tagen und Nächten um scheinbar unüberwindliche Schwierigkeiten. Man hatte in Brüssel wenig Verständnis für unsere Sorgen wegen des LKW-Transits durch Tirol, für unsere gewünschten Extrawürste in der Landwirtschaft. Der griechische Vertreter in der Verhandlungsgruppe der EU blockierte uns aus rein griechischen Interessen: Er wollte für sein Land noch etwas herausschlagen. Stellenweise sah es wirklich nach Abbruch aus, und tatsächlich entschloss sich Norwegen, das gleichzeitig mit uns verhandelte (auch Schweden und Finnland waren in diesem »Paket« dabei), die Brüsseler Bedingungen nicht anzunehmen und im Vertrauen auf sein Öl und die NATO-Mitgliedschaft draußen zu bleiben.

In Wirklichkeit war der Beitritt Österreichs eine so gut wie ausgemachte Sache. Kanzler Vranitzky hatte in einem denkwürdigen Gespräch noch vor dem Zusammenbruch der DDR und der deutschen Wiedervereinigung die Sorge des französischen sozialistischen Präsidenten François Mitterrand ausgeräumt, mit Österreich würde ein »dritter deutscher Staat«

(zur Bundesrepublik und der DDR) die EU dominieren. Bundespräsident Thomas Klestil hatte zur nicht geringen Verärgerung des deutschen Kanzlers Helmut Kohl in einer Rede gesagt, man dürfe nicht immer nach Deutschland, sondern man müsse auch nach Frankreich schauen. Mock hatte schließlich in einer Verhandlungskrise sowohl Helmut Kohl wie den deutschen Außenminister und Vizekanzler Klaus Kinkel (FDP) mobilisiert. Kinkel marschierte durch die Gänge des Ratsgebäudes und rief:»Jetzt werden wir mal dem Griechen die Knochen brechen!«

Österreichs Beitritt zur EU war von den entscheidenden Personen gewollt, die Verhandlungen drehten sich zu jener Zeit um – wichtige – Details, die dann ausgeräumt werden konnten. Die Delegation flog im Triumph nach Hause. Ich titelte damals meinen Bericht im *Kurier* mit einer Anspielung auf einen Text von André Heller mit:»Die Ernte der Schlaflosigkeit in Brüssel«.

Nun mussten nur noch die Österreicherinnen und Österreicher überzeugt werden, in einer Volksabstimmung dem Beitritt zuzustimmen. Das war gar nicht so einfach. Die damalige Europa-Staatssekretärin Brigitte Ederer sagte in einem Interview mit der *Zeit* anlässlich 30 Jahre Referendum am 12. Juni 1994, man sei in Sorge gewesen, dass die Bevölkerung mit Nein stimme:»Bis drei Wochen davor war es unentschieden.« Drei Wochen später stimmten überwältigende 66,6 Prozent für den Beitritt (bei einer Wahlbeteiligung von 82 Prozent).

Es war der Erfolg einer Regierung, die etwas Konstruktives wollte und das auch vermitteln konnte. Der offizielle Werbespruch (erfunden von der Werbeagentur des Mariusz Demner) lautete genial einfach:»Gemeinsam statt einsam«. Es gab eine enorme Mobilisierung des politischen Establishments, wie der EU-Experte Stefan Lehne (Stiftung Carnegie Europe, damals im Außenministerium) rückblickend sagte. Mock und

Vranitzky seien »wirkliche Kämpfer für die EU-Idee gewesen«. Die Zeitungen brachten Serien über Vor- und Nachteile des Beitritts. Der ORF veranstaltete riesige »Bürgerforen«, in denen Vertreter aller Bevölkerungsschichten diskutieren konnten.

Jörg Haider machte sich lächerlich mit seinen Behauptungen, die Österreicher würden nun durch die EU gezwungen, »Blutschokolade« und »Schildlausjoghurt« (der rote Farbstoff im Erdbeerjoghurt wird tatsächlich aus Schildläusen gewonnen) zu essen. Dabei war die FPÖ lange Zeit für den EU-Beitritt gewesen (weil bestimmte Kreise darin eine Art neuen »Anschluss« mit Deutschland sahen). Brigitte Ederer geht davon aus, dass Haiders Verrücktheiten bei der Volksabstimmung rund sechs Prozent brachten.

Erneut vor der Entscheidung: West oder Ost?

In welche Richtung Österreich blickt, wird heutzutage wieder in Zweifel gezogen. Die FPÖ fährt einen Kurs, um das runde Drittel der EU-Gegner und EU-Feinde an sich zu binden. Sie hat aus ihrer eigenen EU-Feindschaft keinen Hehl gemacht. Herbert Kickl will einen Öxit (Austritt) »nicht ausschließen«, in Wirklichkeit hält er ihn sehr wohl für eine reale Option. Die Frage ist nur, ob die bei den EU-Wahlen 2024 gestärkten Rechtsparteien lieber die EU nach ihren nationalistischen, teilweise ausgesprochen Putin-freundlichen Vorstellungen umbauen oder doch auf einen Austritt hinarbeiten möchten.

In jedem Fall wäre die EU – und natürlich auch Österreich – damit in höchster Gefahr, unter den Einfluss Putins zu geraten. Der russische Autokrat möchte Europa vielleicht nicht militärisch besetzen, aber unter seinen Einfluss bringen. Dazu setzt er viele Mittel des verdeckten Kampfes ein – zuletzt wurden die Indizien immer stärker, dass russisches Geld eine beträchtliche Rolle beim Brexit gespielt hat. In seiner Cyber-Kriegsführung unter anderem durch eine Trollfabrik in St. Petersburg geht es um Verunsicherung, Spaltung und die Verminderung des Vertrauens der Europäer in die Demokratie.

Wenn Putin in der Ukraine gewinnt, weil die EU unter dem Einfluss der Rechten und Rechtsextremen die Hilfe abwürgt, wird er nicht einmarschieren. Obwohl: Orbán, der praktisch nur noch ein russischer Agent in der EU ist, könnte ihm dann die Grenze aufmachen, und Österreich hätte die russische Armee vor Ort. Der österreichische Ex-General und unabhängige Strategieberater Walter Feichtinger bringt noch einen anderen Gedanken ein: Es gäbe genug Söldnertruppen wie die des (dann bequemerweise abgestürzten) Jewgenij Prigoschin, die mit Leichtigkeit in Wien einen Putsch durchführen und ein Putin-Marionettenregime installieren könnten.

Es reicht aber, wenn Putin in Österreich und anderen EU-Ländern geneigte Regierungen und eine geneigte Grundstimmung in einer verunsicherten, eingeschüchterten Bevölkerung vorfindet. Wenn zum Beispiel die FPÖ eine bedeutende Rolle in einer österreichischen Regierung einnimmt. Seinem Ziel, die USA aus Europa zu vertreiben und eine Hegemonie über Europa zu errichten, wäre er damit ein großes Stück näher gekommen.

Der amerikanische Historiker, Politikwissenschaftler und Experte für Russland und die Ukraine, Timothy Snyder, sagte schon 2018 in einem *Standard*-Interview mit mir: »Ich glaube, dass wir es mit etwas völlig Neuem zu tun haben. Russland hat verstanden, dass es in der Außenpolitik nicht um Territorien geht, sondern dass sich Außenpolitik heute in ihrem Kopf abspielt. Wenn Außenpolitik sich um Territorien, um Technologie, um Wirtschaft drehen würde, wäre Russland sehr schwach. Daher versuchen sie mit der Welt des Fernsehens und des Internets den Westen zu unterminieren. Diese Welt besteht aus Emotionen. Wenn ich sage, Russland will den Westen zerstören, dann meine ich nicht, dass es in Österreich einmarschieren will. Russland will den Rechtsstaat in der EU unterminieren, sodass alle Bedingungen für Wohlstand und Frieden, an die sich Österreich so gewöhnt hat, verschwinden würden. Sie wollen, dass wir denken: Der Rest der Welt ist auch korrupt, es hat keinen Sinn, das verändern zu wollen. Das führt zu einem negativen Nationalismus, wo du denkst, wir ziehen unsere Lügen den Lügen der anderen vor.«

Die FPÖ ist eine eindeutige Russenpartei (geworden). Es imponiert ihnen (wie nicht wenigen Österreichern, vor allem auch unter Wirtschaftsgrößen) die autoritäre Regierungsweise, die »russische Demokratur«, von der man sich auch in Europa und Österreich »ein bisserl mehr« wünschen würde (der Großunternehmer mit Russland-Connections und damalige Aufsichtsratsvorsitzende der Verstaatlichtenholding, Siegfried Wolf, in einem Vortrag schon 2014).

Derzeit gibt es zwar hohe Unzufriedenheit in Österreich mit der EU, aber keinen wirklichen Trend in Richtung Öxit. Das kann sich aber ändern, vor allem mit einer russlandaffinen, EU-feindlichen FPÖ an der Regierung.

Das heißt, Österreich steht wieder vor einer Entscheidung, ob wir zum Westen oder zum (russischen) Osten gehören wollen.

KAPITEL 8

Das Schicksal der Ukraine ist auch unser Schicksal.

Wer sich irgendwelchen Illusionen hingibt, dass die Ukraine ja doch irgendwie Teil Russlands wäre und die Ukrainer sich damit abfinden würden, zur »russischen Welt« (Russki Mir) zu gehören, wird durch den zähen Widerstand im Krieg seit Februar 2022 eines anderen belehrt.

Das war bereits bei einem Ukraine-Aufenthalt im Herbst 2015 spürbar. Der stärkste Eindruck war damals ein Besuch im sogenannten Holodomor-Museum in Kiew, einem nicht allzu großen Gebäudekomplex über dem Ufer des breit dahinfließenden Dnjepr (ukrainisch Dnipro). Vor dem Museum steht die Bronzestatue eines kleinen, mageren Mädchens, das fünf Getreideähren umklammert hält. Die Zahl Fünf ist eine Erinnerung an das Dekret vom 7. August 1932 über »Die Sicherung des Eigentums der Staatsbetriebe, kollektiven Landwirtschaften und über die Stärkung des Öffentlichen (Sozialistischen) Eigentums«.

Damit wurde der erlaubte Privatbesitz von Getreide auf fünf Ähren beschränkt, nachdem im Zuge der großen Zwangskollektivierung Millionen Bauern in der Ukraine, aber auch anderswo gezwungen wurden, die gesamte Ernte inklusive Saatgut abzuliefern. Damit wollte der kommunistische Diktator Josef Stalin die Klasse der sogenannten »Kulaken« (Kleinbauern) vernichten und durch riesige Staatsfarmen ersetzen. Die Folge war eine Hungersnot, die insgesamt zwischen drei und sechs Millionen Menschen das Leben kostete, die meisten davon in der Ukraine. Die Aktion Stalins war aber ebenso gegen die ukrainischen Unabhängigkeitsbestrebungen gerichtet, die sich schon während des Ersten Weltkriegs und des darauffolgenden Bürgerkriegs zwischen »Roten« und »Weißen« gezeigt hatten. Der »Holodomor« (ukrainisch: Tötung durch Hunger) ist ein bewusster Völkermord gewesen. Die Ukrainer haben ihn nicht vergessen.

Es fehlt nicht an Denkmälern für Ermordete in der Ukraine. Sie war in der ersten Hälfte des 20. Jahrhunderts der Schauplatz von ungezählten politischen und Kriegsverbrechen. Sie gehört zu dem, was der US-Historiker Timothy Snyder, der auch am Wiener Institut für die Wissenschaften vom Menschen lehrt, in einem gleichnamigen Bestseller als *Bloodlands* bezeichnet hat. Es wüteten dort seit 1917 die Armee des deutschen Kaiserreichs, die österreich-ungarische Armee (mit besonders viel Hinrichtungen von »Verrätern« in dem Teil – »Ruthenien« –, der zu Österreich gehörte), nationalistische ukrainische Banden, die Rote Armee, Stalins Holodomor-Schergen, die deutsche Hitler-Wehrmacht, wieder nationalistische Banden und selbstverständlich der KGB. Aufzählung unvollständig.

Im Jahre 2015 besuchten wir auch auf dem Kiewer Hauptplatz, dem Maidan, die Gedenkstätte der »himmlischen Hundert«, jener meist jungen Menschen, die bei dem Volksaufstand gegen das korrupte und Putin-hörige Regime 2013/14 von den Sicherheitskräften und unbekannten Scharfschützen erschossen wurden. Der Maidan-Aufstand, der dann das Regime stürzte, wird heute von vielen, die gutgläubig oder zynisch die russische Propaganda übernehmen, als CIA-gestützter Staatsstreich denunziert. In Wahrheit war es auch hier der massive Wunsch breiter Bevölkerungskreise, »nach Europa« zu gehen. Auslöser war das Assoziierungsabkommen der Ukraine mit der EU, das der russlandhörige Machthaber Wiktor Janukowytsch auf Druck Putins plötzlich rückgängig machen wollte. Daraufhin brachen die Massendemonstrationen los, die Janukowytsch schließlich vertrieben – was Putin 2014 mit der Anzettelung der separatistischen Rebellion im Donbass und mit der Annexion der Krim beantwortete, welche er schließlich mit dem Überfall im Februar 2022 zur letzten Konsequenz trieb.

Der Besuch in Kiew und Lemberg zeigte uns damals, wie stark der Unabhängigkeitswunsch der Ukrainer war und ist. Besonders beeindruckend war die Erkenntnis, wie sehr die Ukrainer in ihre christliche Tradition investieren, auch wenn sie in drei Denominationen gespalten sind. Es gibt zwei christlich-orthodoxe Kirchen, die eine ukrainisch-patriotische vom »Kiewer Patriarchat« und die andere vom »Moskauer Patriarchat«, die traditionell eher nach Russland orientiert ist. Dazu die Spezialität einer griechisch-orthodoxen Kirche, die aber mit der römischen »uniert« ist.

Als die Ukraine unabhängig wurde, war es das erste Anliegen, die ungeheuren Kulturschätze wiederherzustellen, die unter der doppelten Schreckensherrschaft, nämlich unter Stalin und unter Hitler, vernichtet wurden. Im historischen Zentrum stehen drei große Klosterkirchen-Komplexe. Die Sophienkathedrale, die auf das 11. Jahrhundert zurückgeht, wurde verschont. Die Uspenski-Kathedrale, die zu dem riesigen Komplex des Höhlenklosters am Ufer des Dnjepr gehört, wurde 1942 von den Deutschen gesprengt. Die St. Michaels-Kathedrale weiter oben wurde hingegen von Stalin zerstört. Beide wurden nach der Unabhängigkeit als detailgenaue Repliken im ursprünglichen Barockstil wieder aufgebaut – als Zeichen ukrainischen Behauptungswillens.

Gesprächspartner nach Gesprächspartner sagte uns, was der Bürgermeister der westukrainischen Metropole Lwiw (in der K.-u.-k.-Monarchie Lemberg), Andrij Sadowyj, sarkastisch in die Worte fasste: »Putin hat letztlich eine gute Tat gesetzt. Die Ukrainer haben verstanden, dass sie eine Nation sind.« Und: »Die Ukraine will eine europäische Perspektive.«

Lemberg, von 1772 bis 1918 bei Österreich, sieht zumindest in der Altstadt aus wie Graz mit kyrillischen Aufschriften. Bauten der Renaissance, des Barocks, des Klassizismus und des Jugendstils dominieren. Kiew wirkt etwas »östlicher«, vor allem wegen der zahllosen goldenen Kuppeln orthodoxer Kirchen, liegt überaus malerisch am breiten Dnjepr, den schon die Wikinger auf dem Weg nach Byzanz hinabruderten.

Auf die »Kiewer Rus«, das mittelalterliche ostslawische Reich (mit Wikinger-Führungsschicht), gründet auch Wladimir Putin seinen »historischen Anspruch« auf die Ukraine, festgelegt in seiner Schrift vom Sommer 2021 »Über die historische Einheit von Russen und Ukrainern«. Ein weiterer Beweis übrigens, dass aggressive Diktatoren immer ankündigen, was sie vorhaben.

Für weise Menschen mit großer Diktatoren-Erfahrung ist das nichts Neues. In Lemberg 2015 formulierte der greise Kardinal Ljubomyr Husar von der mit Rom »unierten« ukrainischen griechisch-katholischen Kirche prophetisch: »Putin möchte der Herr Europas sein. So wie Hitler Schritt für Schritt Länder wie Tschechien an sich gerissen hat, so will er zuerst uns und dann euch überwältigen. Solche Menschen reagieren nur auf Stärke. Solange Putin lebt, habe ich Angst, einen dritten Weltkrieg zu erleben.«

Wir haben das damals für die Überdramatisierung eines alten Mannes gehalten, der Zeit seines Lebens unter der Verfolgung durch russische Herrscher wie Putin gelitten hat. Inzwischen beginnen das manche auch im Westen zu glauben.

Weniger die Aussicht auf einen dritten Weltkrieg, aber dass Putin der »Herr Europas« sein will, sehr wohl. Putin verkauft seinen Krieg inzwischen als Krieg des Westens, der NATO gegen das »heilige Russland«. Aber er glaubt es auch. Putin betrachtete die Ukraine als »vorgeschobenen Brückenkopf« für NATO-Streitkräfte, um Russland anzugreifen – wenn es dem nicht zuvorkommt. »Das ist wie ein Messer an unserer Kehle« (Rede vom 21. Februar 2022, drei Tage vor seinem Angriff).

In den Augen Putins konnte es gar nicht anders sein. Er wurde Opfer seines eigenen Mythos von der »Russischen Welt«. Historisch hat sich aber auch Russland immer weiter ausgedehnt (statt auf Reformen im Inneren zu setzen), um eine tatsächliche oder eingebildete Bedrohung vom Westen her abzufangen. Das ist ein Motiv des Kremlherrschers, seinen Einfluss auf Europa auszudehnen. Eine wichtige Voraussetzung dafür ist das Einkassieren der Ukraine. Wenn die Ukraine fällt, dann sind auch die drei Baltenstaaten (EU- und NATO-mitglieder Estland, Lettland, Litauen) in höchster Gefahr. Dazu Moldawien, Georgien, vielleicht auch Polen. Ungarn und die Slowakei sind ohnehin schon Russland-»Maulwürfe« in der EU. Österreich ändert jetzt erst seine Sicherheitsdoktrin, wonach Russland nicht mehr »wesentlicher Partner« ist. Wenn die Ukraine fällt, kann viel in Zentraleuropa ins Rutschen kommen. Daher ist das Schicksal der Ukraine in hohem Grad auch unser Schicksal.

Nun ist die Ukraine offiziell EU-Beitrittskandidat. Bis zum Beitritt gilt es noch etliche Hürden zu überwinden.

Jenseits der Formalerfordernisse wünscht sich die ganze Welt das Ende des Krieges. Aber wie kann der Frieden gelingen?

Der amerikanische Russlandkenner Stephen Kotkin, der eine monumentale Biographie von Stalin geschrieben hat, sich also in der Psychologie von völlig rücksichtslosen Diktatoren auskennt, beschreibt in einem Interview im *New Yorker* Putins »Strategie ›Ich kann die Ukraine nicht haben? Dann kann sie niemand haben!‹ Das ist die traurige Situation, die wir haben.«

Die Russen können aber nicht die ganze Ukraine überrollen und besetzen. Wahrscheinlich nicht einmal dann, wenn die Hilfe des Westens nicht verstärkt wird, sondern versickert. Ein breit angelegter Guerillakrieg wäre wohl die Folge. Wenn ich bei meiner Reise in der Ukraine 2015 eines gelernt habe:

Die Ukrainer wollen nicht in einer »russischen Welt« leben, sie wollen eine »ukrainische Welt« in Europa.

Auf einen Machtwechsel in Moskau zu hoffen, wäre vermutlich naiv. Es gibt keine breite Opposition in der Bevölkerung, die sich jetzt hervorwagen würde. Viele betrachten den Krieg durch die Brille von Putin: Der Westen führt einen Krieg gegen uns, und wir verteidigen uns nur. Die Machteliten hat Putin im eisernen Griff. Das zeigen die Oligarchen, die seltsamerweise immer aus hoch gelegenen Fenstern fallen, und der Flugzeugabsturz des Söldnerführers Jewgenij Prigoschin nach seinem seltsam halbherzigen Putschversuch.

Der eminente britische Russlandkenner Orlando Figes schreibt in seiner *Geschichte Russlands* (2022), es sei ein »unnötiger Krieg, geboren aus Mythen und Putins verdrehter Deutung seiner Landesgeschichte. Wenn er nicht bald beendet wird, wird er das Beste an Russland zerstören: jene Teile seiner Kultur und Gesellschaft, die Europa seit tausend Jahren bereichern.«

Es kann also noch länger dauern, selbst wenn die Ukrainer jene Waffen erhalten, mit denen sie jenseits der Grenze russische Aufmärsche und Raketenstellungen zerstören und damit die russische Dynamik brechen können.

Stephen Kotkin hat definiert, was das bestmögliche Ergebnis für die Ukraine wäre: Auf dem Verhandlungsweg einige territoriale Zugeständnisse zu machen – und gleichzeitig als Preis dafür die EU-Mitgliedschaft und die Integration in den Westen, in Europa: »Die Ukrainer haben sich gegen ihre heimischen Tyrannen erhoben. Warum? Weil sie nach Europa wollen. Jetzt wollen sie dasselbe. Und darin besteht die Definition von Sieg: Die Ukraine wird Mitglied der Europäischen Union. Wenn die Ukraine ihr gesamtes Territorium zurückbekommt und nicht der EU beitritt, ist das ein Sieg? Im Gegensatz dazu: Wenn die Ukraine einen

Teil des Territoriums, aber nicht das ganze zurückgewinnt und EU-Beitrittskandidat wird – wäre das ein Sieg? Selbstverständlich.«

KAPITEL 9

Große Medienmenschen,

bange Zukunftsfragen und was man tun sollte

Es war beim *Kurier*, irgendwann in den späten 1970er-Jahren. Ich war damals als relativ junger Journalist unter anderem zuständig für die Reportagenseite, auch für die Betreuung von größeren Serien. Eines Tages saß ich in meinem Büro bei offener Tür, da erschien ein freundlicher Herr mit einem sehr bekannten Gesicht in der Türöffnung, klopfte diskret an und sagte sehr freundlich und höflich: »Ich habe mitbekommen, dass Sie meine Serie über den Eurokommunismus betreuen, lieber Herr Kollege. Ich musste aber feststellen, dass Sie da ziemlich stark gekürzt haben – darf ich Sie bitten, den Text nicht allzu scharf zusammenzustutzen? Es kommt ja auf den Kontext an ...«

»Ja, schon, Herr Dr. Portisch«, antwortete ich, »aber wir haben halt nur anderthalb Seiten zur Verfügung, da kann ich auch nichts machen, und ich muss halt einfach kürzen ... Das sind ja keine heiligen Schriften ...«

So hatte mit Hugo Portisch, dem Titanen des österreichischen Journalismus, schon lange niemand geredet. Schon gar nicht ein junger Schnösel, der zwar schon die Glosse auf Seite eins des *Kurier* (genannt »Ohrwaschel«) schreiben durfte, aber einem Hugo Portisch an Welterfahrung und journalistischem Können nicht das Wasser reichen konnte. Portisch war damals »nur« externer Mitarbeiter des *Kurier*, den er so erfolgreich als Chefredakteur geleitet hatte, und er muss sich einiges gedacht haben, als ihm da so ein junger Redaktionshupfer Vorschriften machen wollte. Er blieb aber freundlich, wie er es immer blieb, und sagte nur: »Ja, natürlich, aber bitte achten Sie doch darauf, dass das Wesentliche nicht verloren geht.«

Ich geniere mich heute noch, wenn ich an diese Begegnung und meine jugendliche Unbedarftheit denke. Es folgten allerdings über die Jahrzehnte viele weitere Begegnungen, bei denen ich seinen Rat suchte, wir zu einem immer hochinteressanten Austausch kamen und ich allmählich lernte, den unbeugsamen Demokraten und Antinazi hinter dem freundlichen, gemäßigten, scheinbar zu harmlosen Portisch kennenzulernen. Er hatte für vieles Verständnis, vor allem für menschliche Schwächen in der Politik, aber er hatte einen ganz klaren demokratischen Kompass.

Portisch war legendärer Chefredakteur des *Kurier* gewesen, dann abendlicher Fixpunkt als Welterklärer im ORF und schließlich der Autor der großartigen ORF-Serien (*Österreich I* und *Österreich II*) über Geschichte und die Entstehung eines modernen, selbstständigen Österreich. Mit großen Serien im *Kurier* (»So sah ich China«) war er bekannt geworden. Er hatte zahlreiche Bücher verfasst, das letzte 2020 über Russland, in dunkler Vorahnung des dräuenden Konflikts, der seit 2022 nicht nur die betreffende Region, sondern die ganze Welt erschüttert. Und er hatte ein überaus erfolgreiches Volksbegehren gegen die Verpolitisierung des jungen ORF in die Wege geleitet. Er war einer jener journalistischen Beweger, die in der Zweiten Republik Mediengeschichte gemacht hatten.

Dazu gehören positive wie weniger positive Figuren. Medienmenschen wie Hugo Portisch, Gerd Bacher und Oscar Bronner mag man hier auf eine Seite stellen. Hans Dichand senior und Wolfgang Fellner auf die andere. Wiewohl all diese in derselben Branche wirken, könnten die Unterschiede in den Persönlichkeiten und in den Vorgehensweisen unterschiedlicher nicht sein. Aber wer sie miterlebt hat, konnte nicht umhin, ihre Wirkungsmacht anzuerkennen. Man wird heute solche Medienkaliber nicht mehr so leicht finden.

Zunächst zu Hugo Portisch. Er war in der Nachkriegstradition des amerikanischen Journalismus erwachsen geworden. Die US-Besatzungsmacht war auch eine Aufklärungsmacht, sie wollte den Österreichern auch die Schule des »westlichen« Denkens beibringen. Dazu gehörte ein lebendiger Journalismus, der nicht brav Pfötchen gab. Der ursprünglich von den Amerikanern gegründete *Kurier* gehörte da dazu. In meinem Nachruf für Portisch schrieb ich: »Hugo Portisch begriff als einer der Ersten und wahrscheinlich als der wichtigste österreichische Journalist, dass für ein kleines, stark von Nationalsozialismus und autoritärem Denken infiziertes Land an der Grenze zum riesigen Ostblock eine neue Geisteshaltung überlebenswichtig war: Befreiung aus dem alten Provinzialismus, Weltoffenheit, Versöhnung der weltanschaulichen Lager, die in der Ersten Republik aufeinander geschossen hatten. Feste Verwurzelung im westlichen Denken und der Demokratie, aber gute Beziehungen zu dem großen Nachbarn im Osten.«

Für mich als Autor von oft polemisch zugespitzten Meinungselementen war der Portisch der späteren Jahre manchmal als ein zu sehr über den Dingen stehender, bis zur Unwirklichkeit ausgewogener Weltkommentator erschienen. Ich lernte aber zu erkennen, dass dahinter eine ganz klare Haltung stand, von der er nicht abrückte. Portisch achtete allerdings immer darauf, nicht den Anschein mangelnder Objektivität zu erzeugen, vor allem nicht einem Massenpublikum gegenüber.

»Objektivität« oder »Ausgewogenheit« wird vom Journalismus verlangt, und das ist auch richtig so. Es müssen möglichst alle Fakten und Umstände präsentiert – und durchaus auch bewertet! – werden. Aber Objektivität heißt nicht, dass man nicht zu einem Urteil kommen darf. Sie darf nicht zu einem öden Wischiwaschi-Einerseits-Andererseits-Journalismus verkommen, von dem niemand (außer den Mächtigen und verschiedenen Interessengruppen) etwas hat.

Im anglo-amerikanischen Raum gibt es den Begriff der »*false balance*«, der falschen Balance oder des falschen Ausgleichs. Ein anderes Wort dafür ist der »*bothsideism*« – der »Beidseitismus«. Es ist kein objektiver Journalismus, einfach die »beiden Seiten« eines Themas oder einer Auseinandersetzung gleichwertig und ohne vorherige Bewertung wiederzugeben – selbst wenn die eine Seite ein ausgemachter Blödsinn oder eine Lüge oder eine hetzerische Aggression ist. »*false balance*« ist es, wenn man sagt: Es gibt Leute, die die Erde für eine Kugel halten, aber auch solche, die sie für eine Scheibe halten. Sucht es euch aus.

Auf ein aktuelles Thema übertragen, hieße das zu sagen: Die Kinderlähmung wurde zwar durch eine Impfung praktisch ausgerottet, aber es gibt ein paar Mediziner, darunter einen gewissen Sucharit Bhakdi, die meinen, Impfungen würden überhaupt nichts bewirken.

Ein weiteres, gerne gebrauchtes Argument ist das Zitat des deutschen TV-Moderators Hanns Joachim (»Hajo«) Friedrichs, der auf dem Sterbebett gesagt hat: »Einen guten Journalisten erkennt man daran, dass er sich nicht gemeinmacht mit einer Sache, auch nicht mit einer guten Sache.«

Das wird regelmäßig allen Journalisten, mit denen man nicht einverstanden ist, von bestimmter Seite um die Ohren geschlagen. Also dürften gute Journalisten sich nicht mit der Demokratie gemein machen, nicht mit dem Rechtsstaat, der Humanität überhaupt usw.

Das ist natürlich Unsinn und würde sogar der Aufgabe des demokratischen Journalismus als kritischer Instanz eklatant widersprechen.

Tatsächlich hat es, wie der Überlieferer des Zitats, der deutsche Autor Cordt Schnibben, erklärte, Hajo Friedrichs in einem viel engeren Sinn gemeint. Man dürfe ihm als TV-Moderator nicht ansehen, ob ihm ein Thema oder eine Maßnahme, die er in einer Nachricht referiert, nicht gefallen. Mehr nicht.

Hugo Portisch bemühte sich im richtigen Sinn um Objektivität. Bei ihm kam aber noch eines dazu – er bemühte sich um Verständnis für diejenigen, die, aus welchen Gründen immer, auf extremistische Ideologien und »Führer« hereinfielen, ohne selbst von Haus aus bösartig zu sein. Zu seinem Ableben mit 94 Jahren im Jahre 2021 schrieb ich im *Standard*: »Als Hugo Portisch dann unter dem bedeutenden ORF-Intendanten Gerd Bacher mit ›Österreich I‹ und ›Österreich II‹ die Geschichte des Landes im 20. Jahrhundert aufarbeitete, ließ er unzählige Zeitzeugen aus dem Volk, auch solche, die in den Nationalsozialismus verstrickt waren, zu Wort kommen. Er enthielt sich fast immer scharfer Wertungen. Er wollte selbst begreifen, und er wollte es einem riesigen Publikum klarmachen, wie es zu dem Unheil gekommen war – und wie trotz allem danach ein Aufstieg zu einem prosperierenden, mehr oder weniger demokratischen Land möglich wurde. Hugo Portisch war ein Aufklärer, wahrscheinlich der größte der Zweiten Republik.«

Portisch, und das ist ein Teil seiner Bedeutung, war aber auch noch einer der letzten großen Exemplare dessen, was man im Medienjargon einen »Gatekeeper«, einen »Torwächter« oder »Schleusenwärter« nennt: nämlich eine journalistische Instanz, einen Angehörigen einer Funktionselite, die ganz schlicht und einfach entscheidet, was wichtig ist und was nicht, was *fit to print* ist und was nicht und welche Nachricht, welches Ereignis, aber auch welcher Gedankengang und welche Bewertung in welcher Weise dem Medienpublikum präsentiert wird – oder auch nicht.

Das klingt zunächst unfassbar elitär, klingt nach »altem weißen Mann«, der den Massen sagt, was sie wissen müssen oder sollen und was nicht. Selbstverständlich gibt es auch in allen diktatorischen, totalitären und autoritären Systemen solche Gatekeeper, die die Informationen nach dem Interesse der Herrschenden ausrichten. Oder die in der milderen Form *message control* betreiben oder Spindoktoren einsetzen.

Ein Gatekeeper als Person oder als Institution (z. B. seriöse Qualitätsmedien) ist letztlich nur durch sein journalistisches

Können und sein Ethos legitimiert. Er nimmt die Funktion im Wesentlichen durch Selbstermächtigung wahr. Guter, faktentreuer und kritischer Journalismus setzt sich durch und wird dadurch zur Instanz. Es bedarf nicht unbedingt einer irgendwie gesetzlichen Absicherung und Verankerung, abgesehen vom öffentlich-rechtlichen Rundfunk. Es bedarf allerdings entsprechender Medieneigentümer, die Wert auf qualitätsvollen Journalismus legen. Als der stark antisemitisch angehauchte Universitätsprofessor Taras Borodajkewycz in den 1960er-Jahren in die Kritik kam, bezog der *Kurier* unter Portisch damals scharf dagegen Stellung. Das stieß nicht bei allen Lesern auf Zustimmung. Aber der damalige *Kurier*-Eigentümer Ludwig Polsterer soll gesagt haben: »Egal, wenn wir Leser verlieren, wir bleiben bei unserer Haltung.« Ähnlich dann auch in der Waldheim-Affäre, als ich beim *Kurier* etliche kritische Kommentare schrieb. Der damalige Herausgeber Ernst-Gideon Loudon und der Generalsekretär der Industriellenvereinigung, Herbert Krejci (die Zeitung gehörte damals Industriellen), hatten sich einiges anzuhören, aber sie vertrauten als liberale Bürgerliche ihren kritischen Journalisten. Auch der spätere Eigentümervertreter Christian Konrad von Raiffeisen blieb immer offen und hielt einer kritischen Berichterstattung die Stange. Nur bei der Jagd – da war er als Landesjägermeister heikel. Als ich einmal im Zusammenhang mit einem illegal abgeschossenen »Problembären« von »Problemjägern« schrieb, erhielt ich einen unwirschen Anruf.

Im Fall des *Standard* und seines Herausgebers und langjährigen Chefredakteurs Oscar Bronner war es überhaupt die Strategie und die Daseinsberechtigung der Zeitung, eine kritische, liberale und weltoffene Haltung vor allem gegen den kleingeistigen und nationalistischen Populismus insbesondere der Boulevardblätter an den Tag zu legen. Bronner war/ist vermutlich einen Tick konservativer als viele seiner jüngeren

Redakteure und Redakteurinnen, aber er hatte die Haltung des echten Liberalen verinnerlicht: tolerant sein, soweit es geht – nur gegenüber den Intoleranten nicht.

Die Aufrechterhaltung eines qualitätsvollen Journalismus bedarf allerdings auch einer Politik, die Wert auf die Existenz eines solchen Journalismus legt und ihn daher zumindest nicht behindert, bestenfalls fördert. Die Grenze zieht das Straf-, bzw. Medienrecht.

Allerdings ist durch die Explosion der sozialen Medien, aber auch durch die Entstehung unzähliger Kanäle, die von Interessengruppen gesteuert werden, die Funktion des seriösen Journalismus als Gatekeeper bedroht. Schon allein deshalb, weil sich jetzt jeder im Internet ausdrücken kann und weil die unzähligen Blogs, Plattformen, Tweets usw. keiner wirklichen und wirksamen Kontrolle unterliegen. Das müssen gar nicht irrsinnige rechte Verschwörungstheoretiker sein wie auf QAnon oder Desinformationskanäle aus Putins St. Petersburger Trollfabrik. Es genügt die Vielzahl der Kanäle, die »Informationen« anbieten.

Ist die alte Funktion der traditionellen Qualitätsmedien und der Qualitätsjournalisten wirklich verloren?

Selbstverständlich nicht. Zumindest im Fall des *Standard* hat die Entwicklung des Internets sogar eine gewaltige Reichweitensteigerung ermöglicht. Der *Standard* hat als Erster vor etwa 25 Jahren die Möglichkeiten der Online-Erscheinungsweise erkannt.

Die Onlineausgabe des *Standard* wurde zuletzt von fast drei Millionen sogenannten »*unique usern*« (einzelnen Personen) im Monat genutzt. Das ist – auch von der weltanschaulichen Struktur der Leser her – eine große Erweiterung gegenüber dem Printprodukt. Durch die Onlinepräsenz und durch die bewusste Ermunterung der Diskussion mit und unter den Lesern ist das Blatt zu einem »*power medium*« geworden. Nicht jedem gefällt die relative Liberalität, mit der die sogenannten »Postings«, die Leserkommentare unter den redaktionellen Artikeln, behandelt werden. Tatsächlich muss auch ein Team von Moderatoren mit der Überwachung der Einhaltung der Forenregeln, der sogenannten Netiquette, beschäftigt werden. Aber die Möglichkeit, rasch Stellung zu nehmen und manchmal mit den Journalisten (zum Beispiel mit mir) in Diskussion zu treten, wird von den »Usern« geschätzt. Ein vorläufiger Rekord des Jahres 2024 waren etwa 7000 Postings zur Berichterstattung um das Verhalten von Lena Schilling.

Die Medienlandschaft der Zweiten Republik wurde stark von Gründerpersönlichkeiten beherrscht. Eine der markantesten war Gerd Bacher. Obwohl er logischerweise kein Eigentümer war, hat er einen ORF als Flaggschiff einer ordentlichen, trotz aller Parteienbeeinflussung qualitätsvollen Berichterstattung neu gegründet.

Bacher kam auch vom Boulevard, er hatte den *Express* geführt und war ein selbsterklärter »heimatloser Konservativer«. Als ganz junger Mann hatte er, wie er einmal selbst berichtete, den Zusammenbruch des Dritten Reichs bedauert. Dann hatte er sich gründlich zum Demokraten gewandelt. Der ORF der frühen Jahre erlebte mit ihm als Generalintendant eine echte »Informationsexplosion«, zugleich mit einem geradezu visionären Blick über die Grenzen hinweg, wie auch mit einer Gesamtbestandsaufnahme des österreichischen inneren Weges im 20. Jahrhundert. Der Antikommunist Bacher baute unter dem Eindruck der Ereignisse im kommunistischen Ostblock die Osteuroparedaktion des ORF zu einer erstklassigen Radarstation auf. Die Namen Barbara Coudenhove-Kalergi und Paul Lendvai stehen neben vielen anderen für legendäre Reportagen und Analysen.

Bacher hatte – wie Portisch und später die Politiker Erhard Busek und Karl Schwarzenberg – begriffen, dass Österreich an seiner zentralen Position in Mitteleuropa und am Eisernen

Vorhang auf keinen Fall in die Schrebergarten-Isolation ver-
fallen durfte. Deswegen öffnete er die Berichterstattung nach
Osten und Südosten, was bei den großen Ereignissen – die
Tschechoslowakei 1968, Polen in den 1980er-Jahren, der
Zerfall Jugoslawiens in den frühen 1990er-Jahren – einen
unschätzbaren Wissens- und Einschätzungsbonus brachte.

Bacher hielt zwar einmal in seiner überpointierten Art die
Österreicher für »den geistigen Dünnpfiff Europas«, aber er
verfügte auch über Empathie. Er wollte wissen, wie es zu diesen ungeheuren Verwerfungen im 20. Jahrhundert gekommen
war, wie sich die Österreicher in Bürgerkrieg und Nazidikta-
tur hatten treiben lassen. Deswegen beauftragte er Hugo
Portisch mit den monumentalen Serien *Österreich I* und *II*.
Die lebten zwar auch von historischem Material, aber fast mehr
noch von der ungeheuren Schar an Zeitzeugen, die Portisch
interviewte. So ließ sich erkennen, wie das alles gekommen
war. Viele Zuschauer sahen das vielleicht zum ersten Mal mit
diesen Augen.

Der Führungsstil Bachers pendelte zwischen Kumpanei mit
denen, die ihm taugten, und der Verbreitung von Furcht und
Schrecken unter denen, die er nicht wirklich für satisfaktionsfähig hielt. Ich erlebte ihn direkt nur während seiner kurzen
Zeit beim *Kurier* (»Die 40 Tage des Gerd Bacher«), aber die war
lehrreich. Sein absolutes Rauchverbot während der Redaktions-
konferenz war damals, in Zeiten qualmender Journalistenhorden,
eine (wohltuende) diktatorische Entscheidung. Als einmal bei
der Angelobung der Regierung durch Bundespräsident Kirchschläger ein *Kurier*-Fotograf in eher verwahrlostem Aufzug
erschien und die Minister aufforderte: »Stellt's eich urndtlich
z'samm«, sagte Bacher in eisigem Ton: »Gestern ist bei der Angelobung durch den Herrn Bundespräsidenten der Vertreter
des *Kurier* als Mitglied eines mittelalterlichen Flagellantenzuges
erschienen …«

Der ORF ist heute sehr viel anders, sehr viel ängstlicher und geschmeidig abgeschliffen. Aber ein Kern des alten Selbstverständnisses – wir haben seriöse Information zu liefern – ist immer noch da.

Einen großen Mann erkennt man auch daran, dass er große Feinde hat. Bei Bacher waren das einerseits Bruno Kreisky, der im Grunde meinte, alle Information habe von ihm auszugehen, und Hans Dichand, der ebenfalls ein Meinungs- und Informationsmonopol anstrebte und dem daher jede starke Figur an der Spitze des ORF (oder jeglicher Zeitung) zuwider war.

Hans Dichand hatte Ende der 1950er-Jahre die aus der Monarchie stammende, aber nicht mehr erscheinende *Kronen Zeitung* wiederbelebt und baute sie mit dem ihm eigenen Gespür für die österreichische Volksseele und mit einer gehörigen Portion Rücksichtslosigkeit zur weithin dominierenden Tageszeitung Österreichs auf. Am Höhepunkt seines Erfolges hatte die *Krone* eine Auflage von 2,7 Millionen und eine sogenannte Reichweite von 44 Prozent (aller jener zwischen 14 und 75, die lesen konnten). Heute ist die *Krone* immer noch bei weitem die größte Tageszeitung, hat aber nur noch 29 Prozent Reichweite. Sie ist vom rabiaten Rechtspopulismus der frühen Jahre etwas abgegangen und fährt auch nicht mehr so bedenkenlose Kampagnen wie seinerzeit. Es ist ihr auch gelungen, eine beachtliche Onlinepräsenz aufzubauen und so nicht den Anschluss an die Moderne zu verpassen. Aber die Zeiten, da Politiker zum *Krone*-Chef (Christoph Dichand, dem Sohn) pilgerten, um das Knie zu beugen, sind vorbei.

Ich habe mit Dichand senior, dem genialen Gründer, nur wenig direkten Kontakt gehabt, im Grunde nur einmal vor Gericht. Dort konnte ich (im Jahr 2004) nachweisen, dass die *Krone* tatsächlich einen »antisemitischen, rassistischen und nationalistischen Unterton« hatte, vor allem durch die damaligen Stars »Staberl« (Richard Nimmerrichter) und Wolf Martin (Wolfgang Martinek – *In den Wind gereimt*). Ich brauchte nur seitenweise aus deren Kolumnen zu zitieren und dazu ein paar Historiker, auch NS-Experten, und Sprachwissenschaftler dazu zu befragen. Besondere Heiterkeit im Gerichtssaal erregte der Nachweis, dass die Bezeichnung des afrikanischen Staates Niger nicht, wie von »Staberl« rassistisch behauptet, vom lateinischen Wort für »Schwarz« stammt, sondern aus der Tuaregsprache für »Fluss der Flüsse« (»Gihr n-igheren«) steht.

Hans Dichand war Teil jener österreichischen Nachkriegsgeneration, die die neue Republik Österreich und die Demokratie zwar akzeptierte, aber doch nicht ganz von der Erinnerung an die eigene Wehrmachtszeit und daran, dass »damals doch nicht alles schlecht war«, lassen konnte. Dichand war Matrose auf einem deutschen Schiff im Mittelmeer gewesen, das torpediert wurde. Als Journalist, auch beim *Kurier*, versuchte er Verständnis für die »Kriegsgeneration« zu wecken, was immer wieder sehr weit ging. Zu den harmloseren Ausfällen in diese Richtung gehörte etwa das farbige Titelbild der Sonntags-*Krone*, das ein Flieger-As der deutschen Luftwaffe in Uniform zeigte, das gerade irgendeinen Jahrestag hatte. Die Sonntags-*Krone* hätte man optisch damals leicht mit der SS-Zeitschrift *Signal* verwechseln können.

Schwerer wog schon die massive Hetze, die die *Krone* 1975 in der Verteidigung von Friedrich Peter und seiner SS-Vergangenheit gegen Simon Wiesenthal betrieb. Und in der Waldheim-Affäre war überhaupt kein patriotisches Halten mehr. Der Höhepunkt der Verirrung war aber zweifellos eine Kolumne von »Staberl« im Jahr 1989, wonach die Mehrheit der ermordeten Juden ja nicht vergast worden wäre, sondern in den Lagern an Krankheit und Hunger gestorben wäre – »wie unsere Kriegsgefangenen«. Heute wäre das ein Fall für das

Verbotsgesetz, damals wagte die Politik der Großen Koalition nicht, den Zorn des mächtigen Verlegers zu wecken. Übrigens hatte es sehr wohl redaktionsintern Bedenken gegen das Veröffentlichen der Kolumne gegeben, aber die Redaktionsführung entschied anders.

Später, noch unter Hans Dichand, hat sich diese mehr als bedenkliche Haltung zur NS-Vergangenheit etwas abgemildert. Sie entsprang aus einer Mischung von persönlicher Betroffenheit Dichands und dem instinktiven Gespür für einen Großteil der öffentlichen Meinung. Österreich war mit der Opferthese – »wir waren das erste Opfer Hitlers« – gut gefahren, und sehr viele der älteren Generation fanden wirklich, dass »damals nicht alles schlecht gewesen sei«. Das konnte aber zumindest in der offiziellen Diskussion nicht ewig aufrechterhalten werden. Die Affäre Waldheim war auch da ein Wendepunkt.

Dichands Sensorium für populäre Themen zeigte sich aber auch an anderen Beispielen, so war etwa die *Krone* die erste Zeitung, die massiv in den Kampf gegen das Donaukraftwerk bei Hainburg und für die Erhaltung der Au einstieg. Sie war damit Anfang der 1980er-Jahre Geburtshelferin für die grüne Bewegung und letztlich auch für die Partei der Grünen.

Bemerkenswert war auch, wie die *Krone* dann in die Debatte um den angestrebten EU-Beitritt einstieg: zunächst überaus skeptisch, bis dann am 1. Jänner 1994 in einem langen Leitartikel der massive Schwenk erfolgte: »Wir können nicht allein bleiben, ohne uns zu gefährden« und »Niemand verliert in der EU seine Identität«. Das trug wohl nicht unwesentlich zum 66,6-Prozent pro EU-Beitritt im Juni desselben Jahres bei. Es hält sich allerdings hartnäckig das Gerücht, dass eine günstige steuerliche Betrachtung bei Dichands Trennung und Auszahlung von seinem »lästigen Gesellschafter« Kurt Falk bei diesem Schwenk eine Rolle spielte. Einige Jahre später kam wieder ein Schwenk – in die Gegenrichtung: Der »Lissabon-Vertrag« von 2007, der die EU enger zusammenführte, erregte den Zorn des Nationalisten Dichand. Als Werner Faymann in diesem Jahr Kanzler wurde, schickte er einen Brief an Dichand, wonach es künftig Volksabstimmungen geben werde, wenn es wieder zu größeren Vertragsänderungen der EU kommen sollte. Diese Unterwerfungsgeste musste allerdings bisher nicht umgesetzt werden.

Anlässlich seines Todes im Jahr 2010 schrieb ich im *Standard*: »Dichands (Selbst-)Legitimation leitete sich aus seiner echten Überzeugung her, dass er und die ›Krone‹ die Verkörperung des Volkswillens, ja des Volkes selbst seien. ›Wir sind kein Boulevardblatt, sondern eine Volkszeitung!‹, sagte er einmal mit echter Empörung. Dichand betrachtete die ›Krone‹ und ihre Leser als ›große Gemeinschaft‹, ja, als ›Volksgemeinschaft‹. Die ›Krone‹ warb mit dem abgewandelten Grillparzer-Spruch ›In unserem Lager ist Österreich‹«.

Es war lange Zeit fast so. Heute ist die Bedeutung der *Krone* immer noch gegeben, aber bei Weitem nicht mehr so hoch. Das hing auch damit zusammen, dass konkurrierende Boulevardblätter gegründet wurden. Eines davon, die Wiener Gratiszeitung *Heute*, war im Grunde eine Idee von Hans Dichand. In der Erkenntnis, dass die *Krone* zu wenig nachwachsende junge Leser hatte, forcierte er eine Gratiszeitung nach dem Vorbild europäischer sogenannter »U-Bahn-Zeitungen«. Ein Deal mit der regierenden Wiener SPÖ sorgte für die massenweise Aufstellung von Entnahmeboxen. Die Familie Dichand war ursprünglich an *Heute* beteiligt, verkaufte dann aber zum Großteil. Dichands Schwiegertochter Eva Dichand schied im Frühjahr 2024 als Geschäftsführerin aus. Inzwischen hat das Blatt enorm online expandiert – und hat auf eine massive Unterstützung der Kickl-FPÖ umgeschwenkt.

Ein weiterer, erfolgreicher und ebenfalls wenig zimperlicher Boulevardzeitungsgründer war/ist Wolfgang Fellner. Er hatte in den 1980er-Jahren mit dem Magazin *Basta* begonnen. Der Werbeslogan »Zeitung muss brennen« war ein Produkt von André Hellers schöpferischer Phantasie. *Basta* brannte auch lichterloh, zum Beispiel mit einer eher phantasiereichen Story über die sexuellen Leistungen des Schauspielers und Grünenpolitikers Herbert Fux, allerdings auch mit Aufdeckungsgeschichten über die »Noricum«-Kanonen.

Anfang der 1990er-Jahre wurde Wolfgang Fellner von der *Kurier*-Geschäftsführung als »Redaktionsdirektor« installiert, neben dem damaligen Chefredakteur, um etwas Schwung in den Laden zu bringen. Ich saß da eines späteren Abends vor dem Computer und sah mir aus Neugierde die geplante Titelgeschichte an. Sie stammte von Fellner und lautete: »Waldheim rettet Welt vor Atomkrieg« (oder so ähnlich). Es war nämlich die Zeit vor dem ersten Irakkrieg (USA gegen Saddam Hussein, der Kuwait überfallen hatte), und Waldheim war unterwegs im Nahen Osten auf einer völlig aussichtslosen Mission als selbsternannter Friedensvermittler. Ich konnte Fellner diese Titelgeschichte ausreden.

Fellner verließ den *Kurier* relativ rasch, um das Wochenmagazin *News* zu gründen, das bald ein beachtlicher Publikumserfolg wurde. Auch wegen des Führungsstils von Fellner, der oft zwischen Wutanfällen und Lobpreisungen changierte. Ich wurde einmal Zeuge einer der berühmten Weihnachtsfeiern des *News*-Verlages, wo es vor dem stets beachtlichen Buffet (auf Gegengeschäft) und den anschließenden zwischenmenschlichen Verbindungen immer eine Fellner-Rede von Fidel-Castro-Länge gab: Kaum ein Mitarbeiter, kaum eine Mitarbeiterin von den vielen Hunderten blieb unerwähnt, entweder mit echtem Lob oder ebenso echtem Tadel. Man merkte, der Boss hatte seine Leute auf dem Radar. Und zwar so gut wie alle. Das ist eine unschätzbare Gabe abseits des üblichen Managementsgelabers von »Umstrukturierung«, »Ziele setzen«, »Change Management« und »Potentials«.

Wie schon *Basta* stieß Fellner *News* dann auch an neue Eigentümer ab, die sich damit abmühen sollten. Seine Neugründung, die De-facto-Gratiszeitung *Österreich*, sollte nach seiner Aussage eine neue *Süddeutsche* werden, geworden ist es dann eher eine Kopie der britischen Boulevardzeitungen. Hier spielte Fellner am ungeniertesten seine Gabe der charmanten Druckausübung aus: Es gibt viele Geschichten von vielen Politikern und Wirtschaftsleuten, die sich von ihm bedrängt fühlten, die Gefahr aber zumindest teilweise durch Inserate abwenden konnten. Als Zeuge gehen da wohl nur die wenigsten.

Fellner hat das »Imperium« um einen Onlineauftritt und einen TV-Sender erweitert – bis offenbar eine Überdehnung harte Schnitte durch eingesetzte Sparmanager notwendig machte. Das Modell – Krawallmedium mit frechem Grinsen – funktioniert anscheinend weiter, obwohl der Boss allmählich auch schon an seinen Sohn teilübergeben hat.

Die Frage ist, ob die Politik, die diese Krawallmedien finanziert – mit reichlich Inseraten und Förderungen –, wirklich einen entsprechenden *Return on Investment* hat. Populistische Medien neigen massiv dazu, rechtspopulistische Politiker und Themen hochzujazzen, das liegt wohl in der Natur der Sache. Das ist das Geschäftsmodell. Wenn sozialdemokratische (und in geringerem Maße auch christdemokratische) Politik diese Medien alimentiert, in der Hoffnung, besser wegzukommen, dann müssen sie immer auch mitbedenken, dass ihr Geld auch den rechtspopulistischen Mitbewerber, also konkret die FPÖ, mitfinanziert. Denn die kommt bei den Radaumedien zwangsläufig vor. Es wird zum Beispiel spannend sein zu sehen, wie die Wiener SPÖ, die bei der Gründung und Betreuung von *Heute* eine gewisse Rolle spielte, damit klarkommt, dass das nun eine Kickl-Postille ist.

Es gab und gibt nicht nur Krawallblätter in diesem Land. Die Bundesländerzeitungen – *Kleine Zeitung, Salzburger Nachrichten, Oberösterreichische Nachrichten, Tiroler Tageszeitung, Vorarlberger Nachrichten* bieten und boten immer gute, demokratisch verantwortungsvolle Berichterstattung. Ebenso die konservativeren Tageszeitungen wie *Kurier* und *Presse*. Und dann gibt es den *Standard*.

Der *Standard* ist die Antithese zu jenem österreichischen Journalismus, der einerseits vom manipulativen Boulevard, andererseits von undurchsichtigen Interessen bestimmt ist. Er ist das Produkt eines liberalen Verlegers (und seiner Familie), der in dem strukturell konservativen bis rechtspopulistischen Österreich eine liberale Stimme für notwendig hält.

Wobei: »Liberal« wird in Österreich gerne als »links« missverstanden. Oder wie es in einem Interview Bronners mit Armin Wolf zum 25-jährigen Bestehen der Zeitung definiert wurde:

Wolf: Ist er eine linke Zeitung?

Bronner: Nein.

Wolf: Sagen ja manche.

Bronner: Ja.

Wolf: Warum soll das falsch sein?

Bronner: Weil das nicht Teil der Blattlinie ist. Er ist eine liberale Zeitung, aber Österreich ist ein sehr konservatives Land und hat auch viele eher konservative Medien. Da ist die Mitte von rechts aus gesehen natürlich links.

Vor allem durch die Tatsache, dass man früh auf die Online-Ausgabe setzte, aber auch, weil der Bedarf nach unabhängiger, liberaler Zeitung immer größer wurde, ist der *Standard* von einem Nischenprodukt zu einem Powermedium geworden. Oscar Bronner hat ihn 1988 gegründet, weil er, wie er im Interview mit Armin Wolf sagte, eine ordentliche Zeitung lesen wollte, wie er es in den 13 Jahren gewohnt war, die er in New York als Künstler zugebracht hatte: »Aber die Zeitungen, die es damals gab, waren fürchterlich. Das war entweder Boulevard oder unehrlich. Die angeblich unabhängige Qualitätszeitung war das Organ der Bundeswirtschaftskammer, nur als Beispiel.« Das große Vorbild *New York Times* wurde natürlich nicht erreicht, auch weil die NYT viel mehr Journalisten hatte. »Aber in anderen Aspekten konnten wir vom ersten Tag an mithalten: die Kommunikation mit dem Leser auf Augenhöhe, die Ehrlichkeit, mit der man kommuniziert, die absolute Unabhängigkeit von irgendwelchen Einflüsterern außerhalb der Redaktion. Das war das, was mir hier gefehlt hat.« (Bronner)

Armin Wolf fragte in dem erwähnten Interview, was es denn heiße, auf Augenhöhe mit den Lesern zu kommunizieren? Bronner: »Den Leser nicht für blöd verkaufen. Ihm nicht zu verheimlichen, wenn man eine andere als eine journalistische Funktion hat, nämlich ihn zu beeinflussen. Nicht runterschreiben zum Leser, sondern – wie wir hier – als Gesprächspartner miteinander reden. So kommunizieren wir mit den Lesern, und das haben andere Zeitungen nicht getan.«

Oscar Bronner hatte schon als 27-Jähriger als Mediengründer begonnen. Der Sohn des berühmten Kabarettisten Gerhard Bronner hatte beim *Express* und beim *Kurier* journalistisch gelernt. Er hatte eine Aufdeckerrolle im Fall des Naziprofessors Taras Borodajkewycz gespielt. Und er hatte in der *Fledermaus*, der Bar des Papas, den jungen Erbprinzen Karl Schwarzenberg kennengelernt. Der war politisch und medienmäßig interessiert und gab Bronner zunächst einmal ein Büro in einem Seitentrakt des weitläufigen Palais Schwarzenberg (wird derzeit renoviert und zu einem Hotel umgebaut). In diesen kärglichen Räumlichkeiten ist das Konzept für das Wirtschaftsmagazin *trend* entstanden, das die damals ziemlich betuliche und unternehmerfromme Wirtschaftsberichterstattung Österreichs revolutionierte. Erstens formal – ein Magazin auf Hochglanzpapier mit Illustrationen der besten Zeichner; zweitens inhaltlich. Etliche Kommerzienräte waren konsterniert über die unbekümmerte Art, Fragen zu stellen und zu schreiben, und murmelten etwas von »Kommunismus« und »Micky-Maus«-Magazin. Ich kam über Empfehlung des legendären Wirtschaftsjournalisten Horst Knapp zu Bronner.

Bronner erwartete Unerschrockenheit und Neugier. So machte ich mich in jugendlicher Nonchalance daran, über Säulen der österreichischen Privatwirtschaft zu berichten: ein existenzbedrohender Investmentfehler im Bankhaus Schoeller oder das erste Porträt über den geheimnisvollen Industriellen Herbert Turnauer (Stollack, Isovolta, Neusiedler, Teich AG). Turnauer fürchtete, gekidnappt zu werden, wenn etwas über ihn in der Zeitung stand. Ich hielt das für lächerlich. Später wurden dann meine *trend*-Titelgeschichte und diverse Überwachungsprotokolle von Turnauers Autofahrten in der Wohnung eines Kriminellen gefunden, der bei einem Feuergefecht mit der österreichischen Polizei ums Leben gekommen war.

Bronner war schon damals, wie er später bekannt wurde: cool, gelegentlich sarkastisch, aber ansteckend mit seinem Selbstbewusstsein und seinem unbedingten Willen, etwas auf die Beine zu stellen. Vor allem imponierten seine eisernen Nerven, die er damals relativ rasch und dann noch Jahrzehnte später gut brauchen konnte: Zunächst gab es (Inseraten-) Boykottaufrufe gegen den *trend*. Dann, als das politische Magazin *profil* gegründet wurde, das sein eigentliches Ziel gewesen war, einen publizistischen Mordanschlag. In der *Arbeiterzeitung* wurde ein gefälschtes Dokument mit der

Unterschrift Bronners veröffentlicht, wonach er von der ÖVP drei Millionen Schilling für kritische Berichterstattung gegen die Wiener SPÖ erhalten hatte. Die Intrige aus dem Umkreis des damaligen Wiener Bürgermeisters Felix Slavik flog vor allem durch die Recherche des *profil*-Redakteurs Gerd Leitgeb auf. In der Folge wurde *profil* das führende investigative Medium Österreichs, das gleichzeitig aber auch großartige politische und literarische Texte publizierte.

Nerven brauchte Bronner auch bei den internen Revierkämpfen im *profil* zwischen dem dominierenden Chefredakteur Peter Michael Lingens und anderen aus der Führungsriege. Lingens war ein großartiger Blattmacher und Leitartikler, dessen Kommentare wirklich jeden Montag verschlungen wurden, hatte aber einen verbesserungswürdigen Führungsstil. Nerven brauchte Bronner, als ihm der *Krone*-Hälfteeigentümer Kurt Falk sagte: »Sie greifen mich an? Ich mache Sie fertig.« Nerven, als eine Liquiditätskrise des Verlags nur durch einen Kredit des damaligen Bankdirektors und späteren ÖVP-Obmannes Josef Taus bewältigt werden konnte.

Nach einigen Jahren war es zu viel. Bronner verkaufte an den *Kurier* und ging nach New York, bezog ein riesiges Loft in Greenwich Village, um zu malen. Aber sowohl der verlegerische Impetus wie der Jammer über die österreichische Presselandschaft meldete sich nach einem Dutzend Jahre wieder. Ich sprach damals mit Bronner über die Neugründung des *Standard*, konnte mich aber noch nicht vom *Kurier* lösen. Das geschah erst 1997.

Und wieder brauchte Bronner Nerven. Der *Standard* war – vor allem in der jungen Intelligenzschicht – ein Erfolg, aber die Inserateneinnahmen hinkten nach. In den ersten Jahrzehnten gab es immer wieder handfeste Krisen, Wechsel in den Partnern (zuerst Springer, dann die *Süddeutsche*, heute ist die Familie Bronner Alleineigentümer), es gab Liquiditätskrisen, beinharte Sparpakete und Weihnachtsfeiern in düsterer

Stimmung. Alles wurde überstanden. Heute ist die Lage angesichts der generellen Probleme der Zeitungsbranche immer noch herausfordernd, aber der Verlag (der jetzt von Bronners Sohn Alexander geleitet wird) ist wesentlich besser aufgestellt als in den Anfangsjahren.

Qualitätsjournalismus ist in Zeiten wie diesen – Kriege, Terrorismus, Klimawandel, Vormarsch der Rechtsextremen in den westlichen Demokratien, Fake News, Trollarmeen und Dauerempörung im Internet, Panik vor der Zukunft – einerseits enorm wichtig und notwendig, andererseits stößt eine intensive Berichterstattung über all diese düsteren Themen inzwischen auf eine gewisse Abkehr. *News avoidance* – Nachrichtenvermeidung nennt das der Branchenjargon. Die Leute klappen die Augen und Ohren zu, wollen nichts mehr von all dem wissen. Sie konsumieren aber was anderes. In der Statistik des Online-*Standard* sind öfters wissenschaftliche Storys ganz weit oben.

Was tun? Nur noch Berichte zu neuen Entdeckungen über den Pyramidenbau der alten Ägypter bringen? Der bekannte deutsche Medienwissenschaftler Bernhard Pörksen (*Die große Gereiztheit*) von der Uni Tübingen hat einen interessanten Vorschlag (im *Spiegel* 11/24): »Ich glaube, dass sich der Journalismus vor dem Hintergrund der ineinander verschlungenen Dauerkrisen und einer bedrohlichen Kurzsichtigkeit der politischen Klasse ändern muss. Und dass er als unabhängige, kritische Instanz der Wahrnehmungskorrektur, als Ignoranz- und Verdrängungsblockade gesellschaftlich gebraucht wird, wie selten zuvor.«

Pörksen schlägt ein neues »Berichterstattungsmuster« vor, das als Korrektiv, nicht Ersatz für den bisherigen Journalismus, dienen könnte: etwas, »das man *Szenarienjournalismus* nennen könnte. Das hieße dann nicht mehr nur zu sagen, was ist. Und was gerade war. Sondern auch: sagen, was sein könnte.

Und vor allem: sagen, was womöglich längerfristig funktioniert, dies mit dem Ziel, als Widerpart der politischen Klasse zu agieren, die auf dramatische Langzeitbedrohungen im Modus der totalen Kurzfristigkeit reagiert … also in ihrem Denken erkennbar in der falschen Zeitperspektive steckt.«

Klingt das irgendwie nach dem Ruf so mancher Leser und Leserinnen, die Zeitungen mögen doch »konstruktiver« sein? Lösungsmöglichkeiten anbieten? Möglich, aber »Sagen, was sein kann« ist meines Erachtens eine gute Entwicklungslinie für einen seriösen Journalismus, der sich nicht im bloßen Referieren von Katastrophen und in der Wiedergabe des sterilen Streits unter Politikern erschöpft.

Ein zweites, riesiges Feld für Qualitätsjournalismus wäre die Einrichtung von Demokratie-Alarmstationen in den Medien.

Wie schon ausgeführt, steht die liberale Demokratie in Europa und den USA, im globalen Süden, in China und Russland sowieso unter immensem Druck. »Die Autoritären haben das Momentum für sich«, schrieb der eher konservative Kolumnist David Brooks in der *New York Times*.

Es wäre daher vielleicht angebracht, wie bei anderen Themenfeldern auch, eigene »Demokratie-Monitor«-Ressorts einzurichten, die einerseits die (durch Umfragen regelmäßig erhobene) Haltung der Bürger zur Demokratie an sich beobachten (das SORA-Institut, nunmehr Foresight, macht seit Jahren entsprechende Erhebungen); andererseits gezielt die Aufmerksamkeit auf alle Bestrebungen zu richten, die Demokratie auszuhöhlen oder abzuschaffen. Inzwischen weiß man, wie die Autoritären vom Schlage eines Orbán oder Putin oder Erdoğan vorgehen und wie ein Trump ankündigt, dass er vorgehen würde: die unabhängigen Medien heruntermachen (»Lügenpresse«, »Systempresse«), ebenso die anderen Parteien diskreditieren (»Systemparteien«), Großfeinde erfinden (»Soros«, »die Muslime«), die repräsentative Demokratie gegen ein plebiszitäres System austauschen wollen. Dann, einmal an der halben oder ganzen Macht, die Opposition auf administrativem Weg behindern, die Medien knebeln, und – ganz wichtig – die obersten Gerichte aushebeln, um undemokratische Verfassungsänderungen durchzudrücken. Die deutschen Parteien mit Ausnahme der AfD haben soeben beschlossen, die Stellung des Bundesverfassungsgerichts abzusichern, um es gegen einen solchen stillen Staatsstreich zu stärken.

»Demokratischer Rückbau passiert Schritt für Schritt, nicht auf einmal«, schreibt die US-Politikwissenschaftlerin Jennifer Dresden, die vor zwei Jahren einen Bericht mit dem Titel »Das Handbuch der Autoritären: Ein Medien-Guide« herausgegeben hat. »Sie benutzen Salami-Taktik, schnippeln Scheibe für Scheibe von der Demokratie ab. Moderne Autoritäre betonieren sich in der Macht ein, aber sie tun es schrittweise und graduell.«

Um auf diese Gefahren zu achten, könnten Medien »Demokratie-Teams« einrichten, die sich hauptsächlich damit befassen. Die *Washington Post* hat das bereits 2022 getan, die *Associated Press* hat einen »Democracy News Editor« für ein entsprechendes Team ernannt usw. Man sollte das auch für europäische Medien überlegen, denn dem gar nicht mehr so schleichenden, auf jeden Fall aber sehr zielbewussten Unterminierungsprozess gegen die Demokratie muss ebenso zielbewusst etwas entgegengesetzt werden.

Das ist etwas, worüber es sich zu schreiben lohnt.

KAPITEL 10

Zur Rettung der Demokratie.

30 Prozent sind für Kickl, aber 70 Prozent sind dagegen. So tröstete man sich während des Aufstiegs des FPÖ-Demagogen in demokratisch besorgten Kreisen. Das stimmt mathematisch, aber politisch nur sehr bedingt. Es gibt – historisch belegbar – Situationen, in denen eine politisch-gesellschaftliche Situation kippt. Und dazu genügen meist die 30 Prozent, manchmal sogar 25 Prozent. Man spricht in der politischen Wissenschaft von »Kipppunkten«.

Soll heißen: In bestimmten Situationen genügt die Schwungmasse der 25–30 Prozent, um einen politischen Zustand zu drehen. Die entschlossene Minderheit löst gegen eine unentschlossene und / oder gespaltene Mehrheit einen Prozess aus, dem die Mehrheit plötzlich nicht mehr standhalten kann oder will.

Damit muss man als Demokrat rechnen – über die aktuelle politische österreichische Situation in diesem Herbst hinaus.

Eine extreme, undemokratische politische Bewegung kann in Umfragen und bei Wahlen durchaus niemals über die erwähnten 25–30 Prozent Wählerzustimmung hinauskommen, niemals eine Mehrheit erreichen. Aber unter entsprechenden Voraussetzungen, mit der entsprechenden Entschlossenheit und vor allem mit mangelndem Widerstand oder monumentaler Dummheit der Vertreter der (oft gespaltenen) Mehrheitsgesellschaft kann sie sich durchsetzen. Die Macht ergreifen, oft mithilfe fehlgeleiteter anderer Parteien, und dann daran gehen, den Staat in eine Autokratie oder Diktatur umzubauen.

Es gibt ganz dramatische historische Beispiele dafür. Die »Oktoberrevolution« 1917 in Russland war keine Revolution, sondern ein Putsch einer Minderheit. Die wahre Revolution hatte schon im Februar stattgefunden – eine Hungerrevolte gegen den schlecht verlaufenden Krieg, die den Zar und die jahrhundertelange Monarchie wegfegte. An der Macht waren dann die sozialdemokratisch grundierten »Menschewiki«. Aber wegen der Fehler der Sozialdemokraten und dem unbedingten Machtwillen Lenins putschten die »Bolschewiki« die Gemäßigten einfach weg. Die Errichtung einer totalitären Diktatur konnte beginnen.

Nach einem etwas anderen, aber ähnlichen Grundmuster lief die »Machtergreifung« Hitlers im Januar 1933 ab. Die NSDAP war bei den Wahlen im Juli 1932 mit 37,3 Prozent stärkste Partei geworden. Im November fanden abermals Wahlen statt, die Nazis sanken auf 33,1 Prozent ab. Dieses Drittel erschien aber reaktionären Kräften der Weimarer Republik so stark und zugleich nicht stark genug, dass sie Einfluss auf den Reichspräsidenten Hindenburg ausübten, um Hitler zum Kanzler zu ernennen. Die konservativen, reaktionären Kräfte in der neuen Koalitionsregierung würden Hitler schon »einrahmen«, wie der Hauptreaktionär Franz von Papen meinte. Aber sie hatten falsch gerechnet. Hitler übernahm in den nächsten Monaten rücksichtslos die ganze Macht – mit 33,1 Prozent (die Wahlen im März 1933, bei denen er 44 Prozent erreichte, waren nicht mehr frei und fair).

Hitlers kläglicher Gegenspieler in Österreich, Kanzler Kurt Schuschnigg, sagte zu Beginn des Jahres 1938, 25 Prozent der Österreicher seien für ihn, 25 Prozent für Hitler – »und der Rest schaut, wie der Hase läuft«.

Genauso war es. Als Schuschnigg dann seine als letztes Mittel gedachte Volksabstimmung über die Unabhängigkeit Österreichs unter dem Druck Hitlers absagen musste, sah die Mehrheit, wie der Hase lief, und der Schwenk war nicht mehr aufzuhalten. Hitlers Einmarsch in Österreich war fast nur ein Zusatzeffekt.

Diesen Mechanismus können alle extremen Minderheitsbewegungen nutzen. Wenn die 25–30 Prozent nur entschieden

genug vom bisherigen allgemein anerkannten Konsens abwei-
chen, reißen sie unter Umständen nach und nach die anderen
mit. Die Sozialforscherin Ilona Otto von der Uni Graz, die
sich an sich auch mit Klima-Kippunkten beschäftigt, schreibt:
»Neben den klimatischen Kipp-Punkten gibt es aber auch
gesellschaftliche Kipp-Punkte, die nach einem ganz ähnlichen
Muster funktionieren. Ist der Druck auf ein Thema groß genug,
reichen oft schon kleine Veränderungen aus, um das System
zum Kippen zu bringen und den gesellschaftlichen Konsens
zu verschieben.«

Genau diese Gesetzmäßigkeit haben Viktor Orbán in
Ungarn und Erdoğan in der Türkei ausgenutzt, und Herbert
Kickl will es schon die ganze Zeit tun. Voraussetzung ist allerdings, dass eine gewisse Bereitschaft zu einem Wandel in
der Bevölkerung da ist – aber daran kann angesichts der im
Anfangskapitel zitierten Umfragen über die Stimmungslage
der Österreicher kein Zweifel sein.

Am Ende dieser Überlegungen steht der nüchterne Befund
des bekannten Politologen und Historikers Oliver Rathkolb,
den er im Frühjahr 2024 in einem Gespräch zur Burgtheater-
Veranstaltung »Demokratie hat Zukunft« äußerte. Er bezog
sich auf eine Umfrage in sieben europäischen Ländern, wo
eine Frage lautete, ob es »einen starken Führer geben sollte,
der ohne Parlament und Wahlen auskommt«.

Rathkolb: »Wenn man die Ergebnisse der verschiedenen
Fragestellungen zusammenfasst, stellt man fest, dass es einen
Kern von 20 bis 30 Prozent der Befragten hierzulande gibt,
der wirklich starke Vorbehalte gegen das demokratische System
erkennen lässt« (die »Führer-Frage« wurde im »Österreichischen
Demokratie Monitor« 2023 mit 19 Prozent und 2022 mit 26 Prozent bejaht).

Das heißt nicht, dass die alle Nazis sind. In den Umfragen
erklären dieselben Leute zu 90 Prozent, dass sie die Demo-

kratie als politisches System wählen würden, wenn sie darüber entscheiden müssten. Es ist das Phänomen des Mythos des »starken Mannes innerhalb der Demokratie«.

Allerdings: Es bleiben rund zehn Prozent, die »die Demokratie über Jahre hinweg konstant ablehnen« (Martina Zandonella, Autorin der »Demokratie Monitor«-Studie von 2023). Dieser sich radikalisierende Rand sei eine besorgniserregende Entwicklung.

Aber bleiben wir bei dem runden Drittel, das grundsätzlich anfällig ist für eine Politik »gegen die Systemparteien«. Noch einmal: Sie sind nicht alle Rechtsextreme oder Anhänger eines diktatorischen Systems. Sie können sich allerdings mit bestimmten Elementen einer autoritären Politik anfreunden und bilden daher die Schwungmasse, die im entscheidenden Augenblick den Ausschlag gibt. Vor allem, indem sie die an sich gemäßigte Mitte mitreißt.

Das Beispiel Ungarn zeigt, dass man die Demokratie auch schleichend von innen heraus aushöhlen kann. Der deutsche Verfassungsexperte Maximilian Steinbeis hat in seinem Essay »Ein Volkskanzler« nachgewiesen, dass man – auch in Deutschland – die Verfassung sozusagen legal aushebeln könne: »Wir sehen in Ungarn, dass die Verfassung auch ein Mittel sein kann, mit dem ein Regime seine autoritären Zwecke umsetzt.« Zwar sehe die Verfassung demokratisch aus, habe alles, was eine demokratische Verfassung erfüllen muss, trotzdem sei sie so geschneidert, dass am Ende nur eine Partei regieren kann, sagte er in einem ORF-Interview. Als Reaktion darauf hat die Bundesrepublik kürzlich die Stellung des Verfassungsgerichtshofs unangreifbarer gemacht.

Was tun? Wie kann die politisch-gesellschaftliche Mitte wieder stabil werden?

Ein Element ist die Aufforderung an die liberale Mitte des Landes und ganz Europas, endlich ernsthaft zu werden und zu lernen, politisch robust zu sein. Eine ganze Reihe von liberalen Publizisten schlägt in diese Kerbe:

Der aus Bulgarien stammende Historiker und Politologe Ivan Krastev kritisiert in der *Zeit*, dass Linke und Liberale keine »Aufreger« mehr produzieren, während die Neue Rechte Aufregung erzeugt, indem sie »bestimmte Grenzen aufreißt, die in der Nachkriegszeit gezogen worden sind«. Wobei Krastev etwas sehr Bedenkenswertes sagt: Was in der (Nazi-)Vergangenheit passiert ist, sei für viele junge Menschen (Männer) nicht mehr real: »Psychologen versichern uns, dass kein Traum drei Generationen überlebt. Der Thrill, ein Tabu zu überschreiten, mit dem einen selbst gar nichts mehr verbindet – das erklärt die Attraktivität der Neuen Rechten speziell für junge Männer.«

Allerdings ist hier ein klärender Einspruch notwendig. Das bedeutet nicht, dass die historische Aufklärung in den Schulen, Medien etc. einzustellen ist. Ohne Wissen um die Verbrechen der totalitären Systeme ist jede demokratische Politik sinnlos.

Liebe Leute von den demokratischen Parteien: Werdet endlich wesentlich. Der österreichische Politologe und Sozialforscher Christoph Hofinger schrieb schon vor Jahren: »Eine Partei kann nur dann die politische Hegemonie erreichen, wenn ihr die anderen dafür den Raum geben … Die Politiker im Zentrum müssen lernen, ihr eigenes Weltbild in Worte und sinnstiftende Narrative zu fassen.«

Ok, und wie macht man das? Springen wir in die Mitte des Problems. Und scheuen wir uns nicht vor einer radikal realistischen Sicht der Dinge: Der Angriff von rechts auf die liberale Demokratie wird nicht schwächer werden und nicht wirklich abgefangen werden können, wenn den Regierenden, den traditionellen Parteien, unter Umständen auch den Medien, nichts einfällt, um das – zum Teil gefühlte – Problem der Migration zu bewältigen.

»Nicht jede Abwehr gegen Migration ist rassistisch«, sagt Ivan Krastev. Hinzuzufügen wäre: Diese Abwehr ist oft genug durchaus rational. Wir machen uns unsere eigenen Gedanken, wenn wir die Medienberichte mit den Fotos und Filmen von Scharen junger Männer aus dem Nahen Osten sehen, die sich an den Grenzstationen und den Auffangstellen für irreguläre Zuwanderer sammeln: Was sollen wir mit euch anfangen? Was sind eure Qualifikationen? Was ist eure Perspektive?

Aus der Erfahrung und aus zig Studien wissen wir, dass es kein schlimmeres Gewaltpotenzial gibt als junge Männer ohne Job, ohne Perspektive, ohne Frauen. Selbstverständlich reagieren nicht wenige mit Rassismus, wenn sie solche Bilder sehen. Aber dahinter steht auch etwas anderes – die durch viele Berichte, durchaus auch in Qualitätsmedien, gestützte Gewissheit, dass diese jungen Männer überwiegend aus einer durch Gewalterfahrung geprägten Gesellschaft kommen – Irak, Syrien, Afghanistan. Aber auch aus einer Gesellschaft mit einer rückständigen, patriarchalischen Kultur, die sich aber ihre Legitimität aus dem Gefühl holt, die eigene Religion sei trotz allem einfach überlegen und müsse gewaltsam ausgebreitet werden. Wobei es nach der Erkenntnis des österreichischen Religionspädagogen Mouhanad Khorchide oft mehr »um Identität geht als um Religion«. Die Jugendlichen, die im Internet dem »Islamischen Staat« die Treue schwören, wissen oft fast nichts über den Islam. Sie sehen nur eine Möglichkeit, sich als Kämpfer stark zu fühlen.

Das spüren viele Bürgerinnen und Bürger, und sie vermissen eine adäquate Beschäftigung der Regierenden und der demokratischen Parteien damit.

Krastevs Fazit: »Als Erstes muss man sich klarmachen, dass das Tempo der Transformationen, dazu Krieg, Inflation, Revolution des gesamten Alltagslebens, Migration einfach viele in Panik versetzen. Nicht jede Abwehr gegen Migration ist rassistisch. Es wird jetzt darauf ankommen, wer die richtige Sprache für all das findet. Die Leute haben das Gefühl, wir würden alle heimatlos. Denn Heimat ist der Ort, wo du die anderen verstehst und wo sie dich verstehen. Die größte politische Aufgabe ist es jetzt, den Leuten wieder ein Gefühl von Heimat zu geben.«

Ähnlich der *Zeit*-Chefredakteur Giovanni di Lorenzo: »Das bedeutet nicht, dass sich die demokratischen Parteien den Narrativen der radikalen Rechten anschließen dürfen. Aber wenn die Themen, die für die Mehrheit am wichtigsten sind, weiter kleingehalten werden, übernehmen die Falschen die Deutungshoheit ... Die Voraussetzungen sind immer noch ganz gut: Rund drei Viertel der Deutschen haben mit Radikalen nichts am Hut. Sie wollen nur besser regiert werden.«

Es ist allerdings auch in großen Bereichen ein gefühltes Problem, so viel steht fest. Unter objektiven Gesichtspunkten ist die Zuwanderung, die legale, die illegale und die »irreguläre«, nach Europa nichts, was nicht zu bewältigen wäre. Auch in Österreich ist diese Zuwanderung, die ja zum Teil schon Jahrzehnte zurückliegt, insofern bewältigt worden, als ein großer Teil der Dienstleistungen und der niedrig qualifizierten Tätigkeiten bereits überwiegend von Zuwanderern der ersten, zweiten, dritten Generation übernommen wurden. Was um 1900 der tschechische Schneider und Schuster in Wien war, ist heute der türkische Obsthändler und Änderungsschneider, die ex-jugoslawische Verkaufskraft, der polnische Installateur und der rumänische Baumonteur. Sie tragen längst zum Funktionieren der Wirtschaft und zur Steuer- und Abgabenbasis bei (während die FPÖ sie bis vor wenigen Jahren noch von der allgemeinen Sozialversicherung ausschließen wollte; und die ÖVP beklagt, dass syrische und türkische Händler die Marktstände in Ottakring übernommen haben, die von den Einheimischen nicht mehr gehalten werden – statt zu erkennen, dass hier konservative Wähler heranwachsen).

Als das wirkliche Problem wird der überwiegend muslimische Zuwachs aus den Kriegsgebieten des Nahen Ostens seit 2015 empfunden. Die Syrer, Iraker oder gar Afghanen werden in mehrfacher Hinsicht als Belastung gesehen: zu fremd, zu unangepasst (und nicht anpassbar) in der Kultur, eine zu große Belastung auf dem Gebiet der sozialen Leistungen und eine zu große Konkurrenz auf dem Arbeitsmarkt für niedrig qualifizierte Tätigkeiten. Außerdem: zu kriminell.

Das stimmt alles und stimmt wieder nicht. Vor allem stimmt nicht, was die rechten Hetzer daraus gemacht haben und noch weiter daraus machen. Selbst die Tatsache, dass im Jahr 2024 in den Wiener Volksschulen 35 Prozent der Kinder muslimisch sind (vor 26 Prozent ohne Bekenntnis und 21 Prozent Katholiken), ist längerfristig zu bewältigen.

Dann nämlich, wenn auch bei den Muslimen ein Säkularisierungsprozess einsetzt. Einen Hinweis gibt die Statistik, dass 34 Prozent der Wiener Bevölkerung ohne religiöses Bekenntnis ist. Das ist Platz eins. Österreichweit ist es ähnlich: Ohne Bekenntnis sind 22,4 Prozent. Zum Vergleich: Vor etwas über 30 Jahren waren es noch sechs Prozent. Der noch 1951 mit 90 Prozent dominierende Katholizismus verdampft.

Die Frage ist, ob der Prozess der Säkularisierung oder des Abfalls vom Glauben bei den Muslimen auch so stark vor sich gehen wird. Aus den verschiedensten Gründen wahrscheinlich nicht oder nicht so schnell. Ich habe im Jahr 2015 angesichts des Zustroms aus Nahost geschrieben, die »westliche Lebensweise« werde wohl »ihr Verführungswerk tun«.

Ich habe damals keinen Zeitraum genannt, aber es war eine Behauptung, deren Umsetzung sich bisher nicht zu zeigen scheint. Oder zumindest in einem wichtigen Bereich doch: Die Geburtenrate bei muslimischen Frauen ist ein Zeichen für das Fortbestehen rückständiger Traditionen. Doch die Fertilitätsrate türkischer Frauen, die Mitte der 1980er-Jahre noch bei knapp vier Kindern lag, war bis 2021 auf einen Wert von 1,80 gesunken (Quelle: *Demographisches Jahrbuch 2022* der Statistik Austria).

Wachsende ökonomische Sicherheit im Einwanderungsland, vielleicht auch ein Schuss Emanzipation, drückt die Geburtenrate muslimischer türkischer Frauen (die der frisch zugewanderten Syrerinnen betrug jedoch noch 3,17).

Allerdings – das Stichwort ist »längerfristig«. Wir haben keine Zeit mehr, eine langsame Säkularisierung der muslimischen Zuwanderer abzuwarten (zumal es ja auch eine gegenläufige Bewegung der verstärkten Islamisierung in Europa gibt). Wir wollen nicht, dass rechtsradikale Schlägertrupps wie in Großbritannien im Sommer 2024 zu massiven und organisierten Ausschreitungen getriggert werden.

Es gibt außerdem noch eine zweite Komponente: Es geht nicht nur um den »Kulturkampf« rund um die »Ausländer«, es geht auch darum, dass die ganze Zuwandererwelle der letzten Jahre auf die großflächige Verunsicherung durch die Globalisierung sozusagen draufschwappt, ja eigentlich Teil dieser Globalisierung ist.

Noch einmal Rathkolb: »Wir müssen versuchen zu verstehen, dass viele Menschen sich unter den Bedingungen der Turboglobalisierung tatsächlich hilf- und ratlos fühlen, auch in dem Sinne, dass sie von ›der Politik‹ keine Verbesserung ihrer Lebensumstände mehr erwarten … Die Frage ist, welche Angebote die Demokratie machen kann, die auch emotional attraktiv sind und Sicherheit in turbulenten Zeiten anbieten.«

Das ist tatsächlich die Frage. Auf die Gefahr hin, dass das jetzt wie ein sinnloser, pathetischer Appell an die noch demokratischen Parteien – ÖVP, SPÖ, Grüne und Neos – klingt: Reißt euch zusammen, macht ein gemeinsames Angebot für Sicherheit! Zeigt den Bürgerinnen und Bürgern, dass ihr wirklich etwas tun wollt. Etwas Überlegtes, nicht nur

Symbolisches, durchaus Entschlossenes, aber die Humanität Einhaltendes.

Vergesst, was ihr bisher getan habt! Die ÖVP sollte vergessen, dass sie bisher nur die Maßnahmen der FPÖ, nur mit etwas christlicherer Miene, nachgeäfft hat. Sie sollte dieses Gerede von »mehr Strenge« und »schärferen Gesetzen« vergessen, an das ohnehin niemand wirklich glaubt. Die SPÖ sollte sich endlich dazu durchringen, das Problem als solches wahrzunehmen, und sich nicht auf eine Überschriftensammlung von vor ein paar Jahren berufen: Wir haben eh ...

Die Grünen sollten ebenso von ihrer teilweise realitätsverleugnenden Haltung lassen. Die Neos haben eine ziemlich realistische Strategie für »qualifizierte Zuwanderung« (im Grunde: Wir nehmen nur die, die wir brauchen), bei der Bewältigung der nicht-qualifizierten Zuwanderung geht es eher ins Ungefähre.

Allen nichtextremen Parteien in Österreich ist eines gemeinsam: Sie wollen in der Migrationsfrage »Europa« in die Pflicht nehmen. Das ist sogar unumgänglich. Das einzige Modell, das bisher funktioniert hat, um die Flüchtlings- und Migrationsmassen halbwegs von Europa abzuhalten, ist, die südlichen Anrainerstaaten des Mittelmeeres zu bezahlen, dass sie die Migranten nicht von ihren Küsten weglassen.

Das Paradebeispiel dafür ist der Deal von 2016, den die damalige Kanzlerin Angela Merkel im Auftrag der EU mit dem türkischen Autokraten Erdoğan geschlossen hat: Er bekommt Milliarden Euro dafür, dass er keine Flüchtlingsboote mehr in Richtung griechische Inseln lässt. Der Strom, den damals jeder Griechenlandurlauber miterleben konnte, wurde seither zu einer Sickerquelle. Das war die große Lösung, nicht die »Schließung der Balkanroute« von Sebastian Kurz. Inzwischen ist das Geld aufgebraucht, und Erdoğan hat Schwierigkeiten mit der eigenen Bevölkerung, die gegen die Millionen syrischer Flüchtlinge in der Türkei aufbegehrt. Ähnliche Deals hat Spanien mit Marokko und Mauretanien geschlossen. Die EU hat so etwas mit Tunesien versucht, was aber am Starrsinn des dortigen greisen Diktators scheiterte. Und der *failed state* Libyen, von rivalisierenden Warlord-Gruppen beherrscht, ist das größte ungelöste Problem. Wie sich die zunehmende russische Dominanz in den Staaten des Saharagürtels auswirkt, durch den die Flüchtlinge aus Zentral- und Westafrika kommen, kann man nur vermuten.

Dennoch ist die Methode, über die EU die Anrainerstaaten dazu zu bringen, den Strom schon an der Küste zu stoppen, die einzig großflächig wirksame. Alles andere, etwa der Bau von Anhaltelagern in Albanien, wo außerhalb der EU die Asylverfahren abgewickelt werden sollen, hat ein riesiges Fragezeichen: Nehmen die Fluchtstaaten die abgelehnten Asylbewerber wieder zurück? Natürlich nicht, und damit ist das »einfach abschieben«-Argument hinfällig. Es geht nicht anders, als die Möglichkeit, übers Meer zu kommen, zu versperren.

Der österreichische Sozialforscher Gerald Knaus leitet den Thinktank »Europäische Stabilitätsinitiative« (ESI) mit Sitz in Berlin. Er hat 2016 maßgeblich am Merkel-Erdoğan-Deal mitgewirkt. Jetzt empfiehlt er intensiv eine Lösung »in der größten Flüchtlingswelle seit den 1940ern«, die eine »Wiedererlangung der Kontrolle bringt, ohne die Humanität zu verletzen«.

Es gehe um den »Ausbau von strategischen Partnerschaften mit Drittstaaten. Gleichzeitig braucht es aber auch europaweite Mindeststandards für Rückführungen von irregulären Migrant:innen. Egal, ob jemand auf die Entscheidung seines Asylverfahrens wartet oder einen negativen Bescheid erhält – alle Menschen brauchen menschliche Lebensbedingungen.«

Es ist, kurz gesagt, eine Neuauflage oder Adaption des alten Türkeiplans (der ja immer noch halbwegs funktioniert). Es geht darum, die Asylwerber, die abgelehnt werden, aber trotzdem nicht zurückgeschickt werden können, weil ihre Herkunftsstaaten sie nicht mehr nehmen, in »sichere Drittstaaten« umzulenken. Konkret würde etwa Mauretanien dafür bezahlt, die tausenden Bootsmigranten, die versuchen, auf die Kanarischen Inseln zu kommen, aufzunehmen und bei sich zu behalten. Inwieweit solche Länder »sichere Drittstaaten« sind, wäre zu klären. Bei Ruanda, das ebenfalls Teil des Konzepts von Knaus war, hat dann der britische Gerichtshof entschieden, dass die Rechtsstaatlichkeit dort nicht genügend gegeben ist.

Trotzdem ist es auf Sicht das einzige Konzept, den Strom über das Mittelmeer (der dann weiter über Italien und den Balkan nach Mitteleuropa kommt) abzuschwächen und umzuleiten. Die EU müsste mit den Anrainerstaaten entsprechende Abkommen treffen. Die Ideen, die etwa die ÖVP und da besonders Verfassungsministerin Karoline Edtstadler wälzen, nämlich die Genfer Flüchtlingskonvention aufzuweichen oder »zu überarbeiten«, hält Knaus für hochriskant: »Diese Bestimmungen beruhen auf dem Prinzip der Menschenwürde. Klar kann man sagen, wir geben das auf. Aber das sind Verfassungsbestimmungen, EU-Verträge und am Ende gibt man den Rechtsstaat auf.«

Ergänzend wäre da noch eine Frage an die ÖVP zu richten: Warum fährt man in Österreich fort, den EU-Zerstörer und Einflussagenten Putins, den ungarischen Ministerpräsidenten Viktor Orbán, zu unterstützen, obwohl er uns seit Jahr und Tag die Migranten über die Grenze weiterschickt?

Die Demokratie steht unter Beschuss, also müssen die Demokraten überlegen, wie sie sich wappnen und wehren. Machen wir uns nichts vor: Das Ziel der Rechtspopulisten ist eine Gegenrevolution. Das Erreichte, das, was wir uns bisher geschaffen haben, also das halbwegs zivilisierte Ausverhandeln von inneren Konflikten, von Verteilungsfragen, das ganze

Austarieren von Interessen, kulturellen Prägungen – auch zwischen Stadt und Land –, kurzum das lange praktizierte österreichische und europäische Nachkriegssystem, soll abgeschafft werden zugunsten eines erfundenen »Volkswillens«. Der nichts anderes ist als die Instrumentalisierung von autoritären Phantasien von ein paar Herrschaften.

Was sind die Gegenkräfte? Vergessen wir für einen Moment die Politik. Es gibt die Zivilgesellschaft. Sie springt immer dann ein, wenn die offizielle Politik versagt oder in die falsche Richtung zu laufen droht. Die Zivilgesellschaft ist in Wirklichkeit schon relativ alt in der Zweiten Republik. Ihre erste große Manifestation war das Rundfunkvolksbegehren 1964 – erdacht von Hugo Portisch, umgesetzt von einer seither nicht wieder dagewesenen Koalition aus Zeitungen. Aber es waren die Bürgerinnen und Bürger (*cives* auf Latein), die dieses erste große Volksbegehren mit ihren Unterschriften unterstützten – 832 000 insgesamt. Das war vor 50 Jahren. Der Erfolg bewog dann den ÖVP-Kanzler Josef Klaus, eher überraschend, den alten Parteienproporz aufzugeben und den neu zu bildenden ORF in die Hände des ungebundenen Liberalkonservativen Gerd Bacher zu legen. Trotz aller parteipolitischen Verwässerungen seither hält ein Kern des unabhängigen öffentlich-rechtlichen Rundfunks immer noch.

Die nächsten großen Bewegungen betrafen die Umwelt. 1979 lehnte eine knappe Mehrheit der Österreicher nach intensiver Diskussion, bei der auch Zeitungen wie der *Kurier* eine aufklärerische Rolle spielten, das Kernkraftwerk Zwentendorf ab. 1984 stellte sich heraus, dass der Betonierungsdrang vor allem auch der Sozialdemokratie nicht mehr dem Zeitgeist entsprach. Die Vernichtung der Hainburger Au (ÖGB-Präsident Benya sprach von einem »Gestrüpp«) löste deren Besetzung durch junge Idealisten aus. Kanzler Sinowatz lenkte ein, das Donaukraftwerk wurde nicht gebaut. Nebenbei entstanden die Grünen.

1993 bildete sich eine massive Koalition aus Linken, Liberalen, liberalen Katholiken oder einfach demokratisch und humanitär denkenden Menschen gegen das »Ausländer-Volksbegehren« des Jörg Haider. Ich war bei den ersten Meetings in der Wohnung des Ehepaars Friedrun und Peter Huemer dabei (sie grüne Abgeordnete, er genialer Interviewer im ORF und Mitschöpfer des legendären *Club 2*). Vordenker waren André Heller, der die Idee zu einem »Lichtermeer« nach einem Münchner Vorbild hatte, der progressive katholische Kaplan Helmut Schüller, der Schriftsteller Josef Haslinger, der Anwalt Daniel Charim, der Grüne Peter Pilz, der Künstler Willi Resetarits. Die Politik war durch den damaligen Unterrichtsminister Rudolf Scholten im Kabinett Vranitzky und die ÖVP-Abgeordnete Marilies Flemming vertreten. Es ging darum, eine machtvolle Demonstration auf die Beine zu stellen – und es gelang. Auf dem Heldenplatz versammelten sich mindestens 200 000 Menschen, überwiegend Mittelschicht. Bundespräsident Thomas Klestil stellte eine Kerze in das Fenster des Leopoldinischen Trakts in der Hofburg, Kardinal Franz König, den André Heller und ich kontaktiert hatten, sprach bei einem »Demo-Ableger« am Stephansplatz. Die FPÖ-Hoffnung Heide Schmidt nahm Haiders Haltung (sie sagte, er wäre bereit gewesen, Gewalt in Kauf zu nehmen) zum Anlass, um aus der FPÖ auszutreten.

Was hat es gebracht? Die Zustimmung zum Haider-Volksbegehren (»Österreich zuerst«) fiel mit 416 000 Unterschriften bescheiden aus. Aber die SPÖ oder vielmehr ihr rechter Flügel mit Innenminister Franz Löschnak begann, die »Ausländergesetze« zu verschärfen.

Ähnlich erging es dann dem noch viel größeren Lichtermeer anlässlich der Schüssel-Haider-Koalition 2000. Da waren 300 000 am Heldenplatz, aber die schwarz-blaue Koalition gab es trotzdem.

Ein Schwenk ins Aktuelle und nach Deutschland: Dort demonstrierten Anfang 2024 über mehrere Wochen insgesamt 1,4 Millionen gegen die »Remigrationspläne« – auch für deutsche Staatsbürger ausländischer Herkunft – eines rechten Klüngels unter Beteiligung des österreichischen Identitären Martin Sellner und einiger AfD-Politiker. In Österreich gab es ähnliche Demos mit etwa 35 000 Teilnehmern. Die Umfragen für die AfD gingen etwas zurück, aber ihre Chancen für die Wahlen in ostdeutschen Bundesländern blieben intakt. Die FPÖ blieb auf Platz eins in den Umfragen.

Aber so kann man nicht rechnen. Massenbewegungen der liberalen Zivilgesellschaft haben eine Langzeitwirkung, sozusagen als unterirdische Strömung. Sie bleiben im Bewusstsein und sorgen dafür, dass die, die guten Willens sind, nicht die Motivation verlieren. Dass sie nicht glauben, sie wären allein. Dass die Extremen nicht glauben, sie könnten sich so ohne Weiteres durchsetzen. Die Aktionen der Zivilgesellschaft sind ein wichtiges Element, dass der »Kipppunkt« der radikalen Minderheit nicht eintritt.

»Wenn man die Ungeheuerlichkeiten bagatellisiert oder durchgehen lässt oder meint, man solle die Demokratiefeinde ›nicht hinaufschreiben‹, dann werden sie relativ rasch selbstverständlich. Teil des normalen Diskurses. Die Definition dessen, was ›normal‹ ist, rutscht plötzlich von der Mitte nach rechts. Und dann ist es zu spät«, schrieb ich aus diesem Anlass im *Standard*. Und: »Deshalb muss man von Zeit zu Zeit sagen, was klar rechtsextrem, nazistisch und verfassungsfeindlich ist. Deportationsfantasien zum Beispiel. Oder ›Fahndungslisten‹ mit Namen politischer Gegner. Oder Aktionen gegen ›Volksverräter‹.«

Aber die liberale Zivilgesellschaft – es gibt auch eine antiliberale, die sich etwa bei den Corona-Demos zeigte – kann sich nicht in Demos erschöpfen. Sie hat auch andere Instrumente.

Die Politikwissenschaftlerin Sieglinde Rosenberger plädierte in einem Gastkommentar für den *Standard* für ein »Bündnis gegen extreme Feinde«. Bürgergesellschaftliches Engagement könne »demokratische Strukturen stabilisieren helfen und sich einer autoritären Machtaneignung entgegenstellen«. Die Landschaft des Engagements sei »dezentral vielfältig und geprägt von etablierten NGOs, Social-Media-Plattformen und bereits institutionalisierten Initiativen mit Erfahrungen und Vernetzung im Feld (wie SOS Mitmensch, Omas gegen Rechts …). Das Engagement erstreckt sich »von Großdemonstrationen bis zu persönlichen Gesprächen im öffentlichen Raum, in Parks, Freizeitzonen, vor den Haustüren und in privaten Lebensbereichen«.

Es gibt tatsächlich eine Vielzahl auch von neuen Initiativen – von Ja Demokratie bis Alpenvereine gegen rechts, die sich bemühen, demokratische Wähler und Aktivisten zu mobilisieren. Sie spielten eine große Rolle bei den Wahlen zum Amt des Bundespräsidenten, als es darum ging, Alexander Van der Bellen gegen den FPÖ-Kandidaten Norbert Hofer zu unterstützen. Es vernetzten sich zahlreiche Initiativen, die Filme und Postings und Aufrufe im Internet produzierten, sie sammelten via Crowdfunding Geld, sie verteilten Flyer und halfen bei Versammlungen aus. Andere richteten Websites ein (»Es bleibt dabei«). Einer mailte massenweise »Warum man VdB nicht lieben, aber wählen muss«. Das hatte Wirkung, weil es spontan und abseits der weithin diskreditierten politischen Maschinerie war. Ein Tiroler Gesangsverein, der spontan ein Lied für VdB anstimmt und es auf YouTube stellt, wirkt eben authentischer.

Diese liberale Zivilgesellschaft ist im Sinne der Demokratie immer wieder zu mobilisieren. Ihr Vorteil ist, dass sie Zugang zu den Gefühlen der Menschen finden (kann), was sonst den Rechtspopulisten besser gelingt. Denn sie ist nicht die »abgehobene selbsternannte Elite«, von der die ständig reden.

Dennoch wird es ohne die politischen Funktionseliten nicht gehen. Sie müssen – als demokratische Parteien – die gesetzlichen und die institutionellen Voraussetzungen schaffen (oder wiederbeleben). Oliver Rathkolb zählte einige Voraussetzungen auf:

»Stärkung der unabhängigen Justiz mit entsprechendem Personal und Budgetrahmen«. Es gäbe »eine neue Jurist*innen-Generation, die sich wirklich als Vertreter*innen einer unabhängigen Justiz begreift.«

»Stärkung unabhängiger Medien – u. a. durch ein BBC-Modell für den ORF – und der Versuch, die Arbeit der Exekutive von der Regierung abwärts transparent und einfach zu kommunizieren. Dazu gehört unbedingt ein Transparenzgesetz, das manche Mythenbildungen und Verschwörungstheorien verhindern und unabhängige Medienberichterstattung stärken würde. Auch das Amtsgeheimnis fördert den Vertrauensverlust.«

Politische Bildung als Basis für Demokratiezustimmung: Ein Pflichtfach Politische Bildung (oder ein Pflichtfach, das schlicht »Leben in der Demokratie« heißt, wie es die Neos vorschlagen) würde laut Rathkolb »den Vertrauensverlust reduzieren«.

All das sind sogenannte technokratische Maßnahmen. Ideal wäre es, den »Spirit« der demokratischen Politik neu zu beleben – sowohl bei den professionellen Politikern wie bei den politisch interessierten Bürgerinnen und Bürgern selbst.

Eine gedankliche Voraussetzung dazu ist ganz schlicht: Noch jede autokratische, undemokratische Herrschaft ist gescheitert, wirklich ausnahmslos jede. Es dauert oft, und es mag Regime wie das des chinesischen kapitalistischen Kommunismus geben, die auf Ewigkeit ausgelegt zu sein scheinen – aber selbst die furchtbarsten Diktaturen sind irgendwann einmal an der eigenen Unhaltbarkeit und Widernatürlichkeit zugrunde gegangen. Sei es durch Krieg, wie der Nationalsozialismus, oder durch innere Fehlkonstruktion, wie der Sowjetkommunismus. Die kleineren Autoritären, die »starken Männer«, werden irgendwann einmal schwach.

Die Stärke der Demokratie liegt in der Demokratie selbst. Sie ist ein Mittel, um gesellschaftliche Interessen und Gegensätze auszuverhandeln, auszugleichen und im Idealfall Ziele für die Zukunft und die Bewältigung der Gegenwart zu formulieren. »Demokratie ist eine Frage der politischen Kultur«, sagt Oliver Rathkolb, »und sie kann nur funktionieren, wenn alle bereit sind, Kompromisse einzugehen, zu verhandeln, wenn man die Rechte und Positionen der Minderheit in die Entscheidungen einbezieht und nicht nur mit Mehrheiten 50 plus 1 drüberfährt. Eine Besinnung auf diese Wurzeln würde uns guttun« (Interview mit der Zeitschrift des Burgtheaters anlässlich der Veranstaltungsreihe »Demokratie hat Zukunft«).

In den letzten Jahren ist das Gefühl dafür verloren gegangen, dass die Demokratie die überlegene Staatsform ist. Besonders unter den Jungen, wie 2023 eine ziemlich gruselige Umfrage unter Menschen zwischen 18 und 35 in 30 Ländern zeigte: Nur 57 Prozent dieser Altersgruppe glauben daran, dass die Demokratie jeder anderen Regierungsform vorzuziehen sei. 42 Prozent sprechen sich für eine Militärherrschaft aus.

Dabei sind Demokratien, einmal etabliert, »äußerst stabil«, wie der Verfassungsrechtler Ralph Janik in einem »Dossier: Demokratie« in der Zeitschrift *Der Pragmaticus* resümierte: »Bürgerkriege und Putschversuche gibt es meist in Ländern, die keine funktionierende Demokratie haben. Auch breiter Wohlstand ist eben dort zu Hause, wo die Bürger das Sagen haben.«

Die Schwäche der Demokratie ist, dass sie oft mühsam und langwierig ist und manche Charaktere die Geduld mit ihr verlieren. Die aufgeblähten Bürokratien, die vielen Interessengruppen, das fortwährende Aushandeln, das sie mit sich bringt; aber auch die Neigung demokratischer Politiker, der jeweiligen Klientel nach dem Mund zu reden, das macht auch Demokratie aus.

»Es ist extrem undemokratisch, Bürgerinnen und Bürger wie launische Tyrannen zu behandeln, denen die Regierenden jeden Wunsch von den Lippen ablesen und sei er noch so unvernünftig, mit denen sie lieber in den Untergang gehen, als ihnen zu sagen, wie die Dinge nun mal liegen.« (Hedwig Richter und Bernd Ulrich in ihrem Buch *Demokratie und Revolution*).

Die Behandlung des Wählers als verwöhnten Fratz, der sich brüllend auf den Boden wirft, wenn er nicht kriegt, was er will, und zwar sofort, ist zu einer Gewohnheit der regierenden traditionellen Parteien geworden, egal ob christdemokratisch-konservativ oder sozialdemokratisch-liberal. Politik solle nicht nur für die eigene (inzwischen kleine) ideologische Klientel gemacht werden, sagt Rathkolb, sondern sie müsse zentrale Fragen und Reformen für die gesamte Gesellschaft angehen und rasch und konkret umsetzen: »Je weniger Ankündigungspolitik und umso mehr konkrete Maßnahmen bei den Menschen ankommen, umso geringer wird der Vertrauensverlust sein.«

Dabei zeigt sich immer wieder aufs Neue: Jene demokratischen Politiker, die den Eindruck vermitteln, sie hätten ein Konzept für einige der dringendsten Probleme der Gegenwart, ein Konzept, das kurzfristig auch gewisse Opfer oder auch nur Unbequemlichkeiten mit sich bringt, würden akzeptiert und sogar an der Wahlurne honoriert. Die Leute wollen wissen, was geplant ist, dass überhaupt etwas geplant ist und wie es halbwegs realistisch umzusetzen ist.

Um noch einmal auf das Hauptthema Migration einzugehen: Noch kein Politiker, keine Politikerin hat eine große, wegweisende Rede zum Thema Migration gehalten, einen umfassenden Gesamtplan vorgelegt. Es gibt immer nur Teilankündigungen: mehr abschieben, strengere Aufnahmekriterien, »Islamismus darf bei uns keinen Platz haben« und ähnliches zusammenhangloses Zeug.

Zugegeben, es ist schwer, für so ein Jahrhundertproblem ein zusammenhängendes Konzept auszuarbeiten – sowohl für die Regulierung und Eindämmung der kommenden Zuwanderung wie das Management und die Verbesserung der bereits seit Jahrzehnten stattgefundenen.

Was die wesentlichen Elemente sein müssten, ist weiter oben schon geschildert worden: Abhaltungsstrategien bereits vor den Grenzen der EU nach dem Konzept »sicherer Drittstaat«; zu Hause massives Investment in Integrationsarbeit inklusive Stärkung der Sicherheitsbehörden.

Wieso scheint es unmöglich, ein solches strategisches Konzept zu entwerfen und allgemein verständlich zu präsentieren?

Selbstverständlich gibt es auch eine taktische Komponente. Wer die liberale Demokratie gegen reaktionäre und rechtspopulistische Kräfte erhalten will, muss selbst das Handwerk der Überzeugung beherrschen.

Das bedeutet zunächst einmal eine grundlegende Einigkeit der Demokraten. Sie müssen zu sich selbst und zu den anderen Vertrauen haben. Nicht nur die Konservativen müssen aufhören, den Themen der Rechtsextremen nachzulaufen, auch die Liberalen müssen klüger und entschlossener werden. Ivan Krastev im *Economist*: »Wenn die Liberalen lernen könnten, einander zu vertrauen, dann werden sie immer die Wählerstimmen haben, um zu gewinnen.« Die Rechtskoalition unter Giorgia Meloni in Italien sei nicht »die Folge einer« dramatischen Verschiebung in der Präferenz der Wähler«

gewesen, sondern »der spektakulären Unfähigkeit der Führung der italienischen Linken, zu kooperieren und einander zu vertrauen«.

Dazu gibt es Ratschläge aus den diversen »Handbüchern zur Rettung der Demokratie«, die vor allem US-amerikanische Autoren zusammengestellt haben:

»Erzeuge Aufmerksamkeit« – Joe Biden habe ein erstklassiges, riesiges Investmentprogramm (»Build Back Better«) durchgeführt, aber habe keine Aufmerksamkeit dafür generiert. Oder: »Erzeuge Bedeutung«. Die Rechten ordnen alles Mögliche einer (falschen) Erzählung unter, die aber zur Kenntnis genommen wird. Die Liberalen hätten keine Gegenerzählung.

»Begegne den Leuten dort, wo sie sind«. Die Linken und Liberalen geben den Wählern oft das Gefühl, dass sie sich nicht um die Dinge Sorgen machen sollten, über die sie sich doch Sorgen machen (Migration z. B.).

»Bestimme, mit wem und worum gestritten wird«. Die Rechten wüssten ganz genau, wer an allem schuld ist. Die demokratischen Politiker dürfen das nicht nachmachen, sollten aber gezielt echte Gegner der Demokratie identifizieren. Der Vizepräsidentschaftskandidat der Demokraten, der »ältere weiße Mann« Tim Walz, setzte das um, indem er Trump und die Seinen einfach als »*weird*« (seltsam, jenseits) bezeichnete.

»Schaff ein Zuhause«. Rechte Politik gebe den Leuten das Gefühl, irgendwo dazuzugehören. Linke und liberale Politik vernachlässige das.

»Erzähl die bessere Geschichte«. Die Linken und Liberalen hätten große, richtige Ziele – etwa Frauenrechte oder Klimawandel –, könnten aber keine kohärente Zukunftsvision anbieten. Sie bastelten nur an Einzelmaßnahmen herum.

Aber das ist eine sozusagen technische Anleitung für Parteiorganisationen und Aktivisten. Was ist mit dem einzelnen Bürger, der einzelnen Bürgerin, die nicht in einem autoritären

System leben wollen, aber begründete Furcht haben, dass so etwas bei ihnen eingerichtet wird?

Timothy Snyder hat schon vor einigen Jahren einen glänzenden Essay veröffentlicht: *Über Tyrannei. 20 Lektionen für den Widerstand.* Der inzwischen aktualisierte Band bezieht sich zunächst auf Donald Trump und dessen Absicht, die Demokratie in den USA in Richtung autoritäres System umzubauen. Aber er enthält allgemeingültige Verhaltensregeln für individuelle demokratische Bürger überall. Ein kleiner Auszug:

»Kein vorauseilender Gehorsam«. Die meiste Macht werde den Autoritären freiwillig gegeben. Viele Menschen würden aus Angst vorausahnen, was die eher repressiveren Regierungen wünschen, und würden sich »anbieten, ohne gefragt zu werden«. Und, so Snyder: »Der antizipatorische Gehorsam der Österreicher im März 1938 hat der oberen Nazi-Führung gelehrt, was möglich war.«

»Verteidige Institutionen«. Es sei ein Fehler zu glauben, dass »Herrscher, die durch Institutionen an die Macht gekommen sind, eben diese Institutionen nicht verändern oder zerstören können – selbst, wenn sie genau das angekündigt haben«. Daher: »Wähle eine Institution, die dir am Herzen liegt – ein Gerichtshof, eine Zeitung, ein Gesetz, eine Gewerkschaft – und unterstütze sie.«

»Tritt hervor« – »Irgendwer muss es tun. Es mag unangenehm sein, gegen den Strom zu schwimmen. Aber Freiheit entsteht nicht, wenn man anderen hinterherrennt.«

»Glaube an Wahrheit« – »Fakten aufzugeben, bedeutet, die Freiheit aufzugeben. Wenn nichts wahr ist, dann fehlt jegliche Basis, um die Mächtigen zur Rechenschaft zu ziehen. Wenn nichts wahr ist, dann ist alles nur noch Spektakel.«

So viel übrigens zum Thema der Desinformation, die aus zehntausend Social-Media-Quellen, befördert von Putin-Trollen und amerikanischen Verschwörungs-Bots, über uns hereinbricht.

Wagen wir eine Vorhersage: Die europäische Demokratie wird nicht unter dem Ansturm der Rechten zusammenbrechen. Polen war bereits eine »illiberale Demokratie« unter der Herrschaft der rechtsnationalen PiS, ehe bei den Wahlen doch eine Wende zu einem liberalen Bündnis kam. Dafür kam in der – minderbedeutenden – Slowakei ein nationaler Linkspopulist an die Macht, dessen Vorbild Viktor Orbán ist.

In Frankreich wurde ein Sieg der Rechtsextremisten von Marine Le Pen nur durch ein Bündnis aller anderen unter Ausnutzung des speziellen französischen Wahlrechts verhindert. Andererseits wurden die Tories, die sich von dem Rechtspopulisten Nigel Farage und dem eigenen erzkonservativen, isolationistischen Flügel in den Brexit hatten hineintreiben lassen, von Labour abgelöst.

Fazit: Es bleibt eine Zitterpartie.

Aber: Ist die liberale Demokratie vielleicht nur ein Ergebnis des Schocks des Zweiten Weltkrieges gewesen? Geht in dem Moment, in dem signifikante Wohlstandsverluste drohen, einfach wieder alles von vorne los?

Die Theorie hat einiges für sich, zumal man einen Faktor nicht vergessen darf: Wir sind Zuwanderergesellschaften, die jungen Leute haben zu einem beträchtlichen Teil Migrationshintergrund und sind daher schwerer für Vorgänge in Österreich und Deutschland vor 80 bis 90 Jahren zu interessieren. Ein 16-jähriger Bursch mit türkischem Migrationshintergrund, selbst wenn er Staatsbürger ist, kann sich nicht so leicht in die Situation Österreichs in den 1930er-Jahren einfühlen. Hier wartet übrigens das österreichische Bildungsangebot darauf, dass irgendwer sich Gedanken über eine Neudefinition macht.

Auf diese Frage der *Süddeutschen Zeitung* antworteten die Soziologen Hartmut Rosa und Steffen Mau schon Anfang 2024 mit verhaltenem Optimismus: Die Entwicklung habe nichts Zwangsläufiges. Die riesigen Demos hätten gezeigt, dass die

AfD-Gegner und Demokratiefreunde immer noch deutlich in der Mehrzahl sind. Das Wachstum der AfD werde in den nächsten fünf bis zehn Jahren nicht über 25 Prozent hinausgehen. Allerdings: Es seien keine politischen Akteure sichtbar, die positive Visionen der Zukunft anzubieten hätten, um den Rechten den Wind aus den Segeln zu nehmen.

Dennoch sind Vergleiche mit historischen Phänomenen wie dem Nationalsozialismus nicht obsolet.

Vor allem aber sind die Entwicklungen hin zu autoritären Politikformen nicht zwangsläufig. Die demokratisch verdächtigen bis manifest undemokratischen Parteien erreichen zwar immer wieder eine Größe, die einen Kipppunkt ins Blickfeld rücken. Aber, bei aller Sympathie für autoritäre Einstellungen, die österreichweit und im europäischen Rahmen umfragemäßig feststellbar sein mögen, bleibt laut Martina Zandonella, der Autorin des »Demokratie Monitor 2023«, die zentrale Erkenntnis: »Beinahe neun von zehn Menschen sind von der Demokratie überzeugt. Auch in stürmischen Zeiten kann sich die Demokratie auf den Großteil ihrer Bürger:innen verlassen.«

Oder, wie es Oliver Rathkolb formuliert: »Bei aller Apathie, den autoritären Tendenzen und den Neigungen zu gruppenbezogener Menschenfeindlichkeit, die sich ablesen lassen (aus den Umfragen – Anm.) – am Ende, wenn es Spitz auf Knopf steht, überwiegt die Zustimmung zur Demokratie deutlich und ist letztlich ungebrochen.«

Oder, in einer Paraphrase der berühmten »Ibiza-Rede« von Bundespräsident Alexander Van der Bellen: »So sind wir nicht! So ist Österreich einfach nicht!«

Es ist noch genug demokratische Substanz da. Voraussetzung ist, dass die demokratischen Akteure erkennen, was zu tun ist: Die traditionellen demokratischen Parteien – ÖVP, SPÖ, Neos, Grüne – müssen (wieder) zu einem politischen Grundkonsens finden, der da lautet: mit den Extremen nicht.

Weder deren Themen übernehmen noch mit ihnen eine Koalition eingehen. Vor allem ÖVP und SPÖ müssen außerdem dringend an einer Erweiterung ihres personellen Spektrums und ihrer (wirtschaftspolitischen) Kompetenz arbeiten, um eine Zukunftsvision anbieten zu können.

Die Zivilgesellschaft ist wieder gefordert, die notwendige Erinnerung zu liefern, dass Bürgerinnen und Bürger aktiv ihren Willen kundtun können, wenn etwas in die falsche Richtung geht.

Die breite politische Mitte kann und soll sich darauf besinnen, dass das bisher Erreichte, die Demokratie, der soziale Friede, der Wohlstand, schlicht und einfach die österreichische Erfolgsgeschichte seit 1945, erhalten werden soll – und kann.

Hat der Journalismus eine Zukunft?

Und wenn ja, welche?

Liebe (junge) Journalistinnen und Journalisten, liebe Leserinnen und Leser!

Im Journalismus hat sich fast alles geändert. *Print is dead*, unken die einen. Fakten und deren Kind, die Wahrheit, fallen den neuen großen digitalen Informations- und Entertainment-Maschinen zum Opfer. Neue Technologien zeitigen neue Geschäftsmodelle. Der Qualitätsjournalismus sieht sich als Bollwerk gegen den Wahrheitsverfall. Die Menschen, die sich dem Qualitätsjournalismus verschrieben haben, leben das Bedürfnis, Information als größtmögliche Annäherung an Wahrheit zu bieten. Macht sich niemand dafür stark, greift die Zeile der *Washington Post*: »Democracy dies in Darkness«.

Journalismus ist ein Kulturgut. Wie alle Kulturgüter ist er im Alltag, in allen Lebenszusammenhängen, notwendig, um diese zu bewältigen, um krisenhafte Entwicklungen einordnen zu können, um die Vorgänge des öffentlichen Lebens einzuschätzen – oder um informiert zu werden. Die Bürgerinnen und Bürger sollen nicht »deppert sterben«, wie der Wiener sagt.

Die Lage des Qualitätsjournalismus ist nicht besonders gut, besonders in Österreich. Die offizielle Medienpolitik tut das Ihre dazu: Sie subventioniert den verlotterten Boulevard, die Krawallblätter. Manche politischen Player würden kritischen, investigativen Journalismus gern per Gesetz unterbinden. Doch: »Eine Demokratie, in der nicht frei berichtet wird, ist keine.« (Oscar Bronner)

Aber es ist nicht aller Tage Abend. Kritische Medienprojekte entstehen. Zu den »alten« Kämpfern für den kritischen, informativen Qualitätsjournalismus kommen immer wieder neue. Und zwar mit Erfolg. Drei Medien, für die ich gearbeitet habe und immer noch arbeite, waren bedeutende

Neugründungen, die den österreichischen Zeitungsmarkt verändert und verbessert haben: *trend, profil, Standard*. Der *Standard* zeigt, dass (auch dank seines starken Onlineauftritts) eine liberale (nicht »linke«) Zeitung eine starke Position behaupten kann.

Österreich ist immer noch eine »Boulevarddemokratie«, wie einmal ein bekannter Politologe gesagt hat, zur – allerdings nicht mehr so mächtigen – *Krone* sind noch *Österreich* und *heute* dazugekommen. Auf der anderen Seite ist der *Falter* ein relativ kleiner, aber sehr lebendiger und investigativ starker Farbklecks. Der *Kurier*, seinerzeit eine wichtige Station für mich, ist nach wie vor eine beachtenswerte Stimme, früher etwas liberaler, nun etwas konservativer. Die *Presse* ist konservativ, aber nicht reaktionär. Die starken Bundesländerzeitungen sind durchwegs gemäßigt und achten auf Seriosität. Der ORF ist unter ständiger parteipolitischer Belagerung, hält aber einzelne, starke Bastionen der unabhängigen Berichterstattung. Die Privatsender neigen teilweise zu Trash-TV, sind aber oft einfallsreicher und lebendiger als der Öffentlich-Rechtliche.

Bedenkliche neue Entwicklung: Rechte Interessengruppen und extrem rechte Parteien wie die FPÖ, die von der »Blase der Mainstream-Medien« reden, haben sich eine eigene, abgeschlossene »Fake-News-Blase« geschaffen.

Zusätzlich machen die sogenannten sozialen Medien vielen nachdenklichen Beobachtern Angst, weil sie Vehikel für die »kollektive Desorientierung« sind (der deutsche Medienwissenschaftler Bernhard Pörksen). In den meisten sozialen Medien gilt der Spruch: »Nichts ist wahr, alles ist möglich.« Oder, krasser, das Rezept eines Trump-Beraters: »*Flood the zone with shit.*« Da sind Donald Trump und Wladimir Putin und ihre Handlanger Weltmeister. Einfach etwas behaupten, und sei es noch so irre.

Wie kann man dagegen erfolgreich auftreten? Der seriöse Journalismus muss das Internet und die Social Media selbst bewältigen lernen. »Fluten wir die sozialen Medien mit Journalismus«, hat einmal Armin Wolf gefordert. Mein kleiner Beitrag und mein Rat an jüngere Kolleginnen und Kollegen: Ich lasse mich regelmäßig auf – auch unangenehme – Diskussionen mit den Lesern ein, die online manchmal zu Tausenden unter meinen Kolumnen »posten«. Oft hart. Aber sie mögen es.

Liebe Leserinnen und Leser: Wir Journalisten sind manchmal auch zynisch, manchmal sogar korrupt oder einfach nur von der Angst um den Job getrieben; manche sind nicht besonders profund und kleben an einem oberflächlichen »Aufreger«-Journalismus (»XY rechnet ab …«).

Immer wieder schreiben mir Leser, oder es heißt in der allgemeinen Diskussion: »Die Medien …« (tun das oder jenes, »schreiben wen hinauf« oder hinunter, sind vom »Großkapital gesteuert«, eh alle linksversifft, nur aufs Geschäft aus usw.).

Aber »die Medien« gibt's nicht. Es gibt solche und solche. Wir Journalisten müssen differenzieren – und Ihr, liebe Leser, auch.

Liebe Journalistinnen und Journalisten: Manchmal liegen wir quer zur momentanen Meinung großer Teile unserer Leser. Besonders stark habe ich das in der Waldheim-Affäre erlebt. Der konservative Teil der *Kurier*-Leser verstand unsere Kritik am Verhalten von Waldheim nicht. Anfangs. Allmählich setzte sich ein Erkenntnisprozess durch. In solchen Situationen braucht man als Journalist »Mut im Gegenwind« (Hugo Portisch) – und Eigentümer, die Vertrauen haben.

Aktuelle Selbsterkenntnis: Der liberale Journalismus beachtet – aus den besten Motiven – zu wenig die Ängste vieler Menschen angesichts der muslimischen Zuwanderung der letzten zehn Jahre und deren teils bedenklichen Folgen. Das ist kein Plädoyer für Hass und Hetze oder für nutzlose »strenge

Maßnahmen«. Sondern für eine kollektive journalistische Anstrengung, da ganz tief und ganz seriös hineinzusteigen. Wir erleben einen starken sozialen Umwälzungsprozess, wir haben noch nicht den richtigen journalistischen Umgang damit gefunden. Der Journalismus muss ein realistischeres Bild liefern, bevor wir alle eine bessere Politik finden können. Wir wissen zu wenig. Und wir werden immer zu wenig wissen, wenn wir den kritischen Journalismus nicht unterstützen.

Liebe Journalisten, liebe Leser, ohne kritischen Journalismus leben wir bestenfalls in Orbánistan, schlimmstenfalls in Putin-Land. Die Tendenzen dazu sind da. Wir werden sie nach Kräften bekämpfen (und zwar immer wieder, denn der Angriff auf die Demokratie geht nie ganz weg). Wenn wir Journalisten euch Lesern vermitteln können, dass der Kampf nicht sinnlos ist, dass die demokratisch denkenden Menschen in diesem Land nicht allein sind, dann hat sich das Schreiben gelohnt.

WIE SKANDALE UND KRISEN ÖSTERREICH GRUNDLEGEND VERÄNDERT HABEN

Das Wesen der österreichischen Konsensdemokratie ist brüchig geworden: Wechselseitiges Misstrauen und Populismus bestimmen die politische Landschaft. Wie konnte es dazu kommen? Journalist Georg Renner sucht nach Antworten und zeichnet ein Bild einer Nation im Umbruch. Von der Migrationsdebatte über die Ära Türkis-Blau, die Covid-Pandemie bis hin zur Inflationskrise: Das Buch analysiert und erklärt, warum sich die Parteienlandschaft heute unversöhnlicher und polarisierter darstellt als je zuvor.

GEORG RENNER
DIE LETZTEN JAHRE DER ZWEITEN REPUBLIK
MIGRATION, PANDEMIE UND INFLATION:
DER VERTRAUENSVERLUST IN DIE POLITIK
184 Seiten · 14,5 × 21,0 cm
Hardcover
978-3-7110-0359-1 · € 24,00

DIE POLITISCHE GESCHICHTE ÖSTERREICHS: EINE ZWIESPÄLTIGE BILANZ

Ob Jörg Haider, Heinz-Christian Strache oder Sebastian Kurz: Österreichs Politiker haben in den vergangenen Jahren regelmäßig für Schlagzeilen gesorgt. Wie gelingt es charismatischen Persönlichkeiten immer wieder, an die österreichische Identität anzuknüpfen? Womit lassen sich die Erfolge des Rechtspopulismus in Österreich erklären? Und wo stehen das Land und seine politische Kultur heute nach dem Schock der jüngsten Regierungskrise?

PAUL LENDVAI
VIELGEPRÜFTES ÖSTERREICH
EIN KRITISCHER BEFUND ZUR ZEITWENDE
312 Seiten · 14,5 × 21,0 cm
Hardcover mit Schutzumschlag
978-3-7110-0269-3 · € 26,00

RUSSLAND: EIN STREIFZUG DURCH DIE GESCHICHTE EINER GROSSMACHT

Von russischen Geistlichen, die China durch eine List zur Überlassung Sibiriens an Russland bewogen, bis zur Stellung als Ordnungsmacht im Nahen Osten: Die Geschichte der östlichsten europäischen Nation ist ebenso spannend wie kompliziert. Hugo Portisch beschäftigte sich lange mit der russischen Mentalität und dem Verhältnis zwischen Europäischer Union und Russland. Hier schildert er seine persönlichen Erfahrungen und stellt die oft turbulente Vergangenheit des Landes dar.

HUGO PORTISCH
RUSSLAND UND WIR
EINE BEZIEHUNG MIT GESCHICHTE UND ZUKUNFT
144 Seiten · 12,0 × 20,0 cm
Hardcover mit Schutzumschlag
978-3-7110-0274-7 · € 20,00